Dites-Leur

120 raisons pour lesquelles vous devez être gagneur d'âmes

DAG HEWARD-MILLS

Parchment House

Sauf indication contraire, toutes les citations bibliques sont tirées de la Nouvelle Bible Segond © 2002 Société Biblique Française.

Extraits du chapitre 1 pages 49, 63, 68, 70, 75 du titre *The Final Frontier* par Richard Kent et Val Fotherby. Utilisé avec permission.
www.finalfrontier.org.uk

Titre original : *Tell Them: 120 Reasons Why you must be a soul winner*
Publié pour la première fois en 2008
par Parchment House

Version française publiée pour la première fois en 2010
Cinquième impression en 2015
par Parchment House

Traduit par : Ministères Multilingues

Pour savoir plus sur Dag Heward-Mills

Campagne Jésus qui guérit
Écrivez à : evangelist@daghewardmills.org
Site web : www.daghewardmills.org
Facebook : Dag Heward-Mills
Twitter : @EvangelistDag

À
Jimmy et Anita Blavo
Merci pour le travail incroyable que vous avez accompli à Bâle en Suisse.
Vous avez payé le prix pour
devenir des missionnaires dans une nation qui en a envoyé de nombreux au Ghana.

ISBN : 978-9988-1-3714-4

Table des matières

Introduction

Gagner des âmes, c'est faire le travail très important qui consiste à amener au Seigneur Jésus-Christ les personnes qui ne sont pas sauvées.

Gagner des âmes peut se faire par le moyen de l'évangélisation personnelle, des croisades d'évangélisation, des livres chrétiens, de l'œuvre missionnaire, des réunions autour d'un petit déjeuner, des festivals de Gospel, de la musique chrétienne, etc.

La méthode la plus ancienne utilisée pour gagner les perdus a été celle du sacrifice de la vie des missionnaires qui se sont donnés eux-mêmes pour le salut des nations, des tribus et des peuples.

Une autre méthode courante pour gagner des âmes consiste à organiser des croisades d'évangélisation de masses ou de rendre simplement témoignage à une autre personne.

Ce livre parle de l'évangélisation par tous les moyens possibles. Il parle de l'évangélisation personnelle, des croisades de masses, des livres, et des missionnaires. Nous devons sauver des âmes par tous les moyens !

Vous demanderez peut-être « mais pourquoi autant de raisons » ?

Cher ami, je ne vous ai indiqué que cent vingt raisons pour lesquelles vous devez sauver des âmes, et je peux vous assurer qu'il y a beaucoup d'autres que je n'ai pas pu inclure.

Lisez-les et croyez-les, et vous saisirez l'esprit de Christ qui est l'esprit du gagneur d'âmes.

Chapitre 1

Cent vingt raisons pour lesquelles vous devez être un gagneur d'âmes

1. Vous devez être un gagneur d'âmes parce que c'est la grande mission, le grand commandement, le grand mandat, la grande instruction, le grand ordre que notre Seigneur et Sauveur Jésus-Christ nous a donnés.

   Jésus s'approcha et leur dit : Toute autorité m'a été donnée dans le ciel et sur la terre.

   Allez, faites des gens de toutes les nations des disciples, baptisez-les pour le nom du Père, du Fils et de l'Esprit Saint,

   Et enseignez-leur à garder tout ce que je vous ai commandé. Quant à moi, je suis avec vous tous les jours, jusqu'à la fin du monde.

   Matthieu 28 :18-20

2. Vous devez être un gagneur d'âmes parce que vous êtes tous appelés à cette grande œuvre.

   Car beaucoup sont appelés, mais peu sont choisis.

   Matthieu 22 :14

   C'est ainsi que les derniers seront premiers et les premiers derniers.

   Matthieu 20 :16

Ce que William Booth a dit à propos de l'appel

« Pas appelés ! Avez-vous dit ? Ce serait plutôt : Je n'ai pas entendu l'appel.

Abaissez votre oreille jusqu'à la Bible, et entendez-le vous supplier d'aller et de sortir les pécheurs du feu du péché ! Abaissez votre oreille jusqu'au cœur de l'humanité qui porte son fardeau et agonise, et écoutez ses gémissements pitoyables et ses appels au secours !

Allez vous poster aux portes de l'enfer, et entendez les condamnés vous implorer d'aller chez leur père, et supplier leurs frères et sœurs, leurs serviteurs et leurs maîtres, de ne pas aller là-bas !

Puis regardez Christ dans les yeux - lui à la compassion duquel vous avez affirmé obéir - et dites-lui si vous allez vous joindre cœur, corps, âme et circonstances, à la marche de ceux qui proclament sa compassion au monde. »

William Booth, fondateur de l'Armée du Salut

« Je crois qu'en chaque génération, Dieu a appelé suffisamment d'hommes et de femmes à évangéliser toutes les tribus encore non évangélisées de la terre. Ce n'est pas Dieu qui n'appelle pas, c'est l'homme qui ne répond pas. »

Isobel Kuhn, missionnaire en Chine et en Thaïlande

3. **Vous devez être un gagneur d'âmes parce que vous avez été créé pour accomplir cette bonne œuvre.**

Car nous sommes son ouvrage, NOUS AVONS ÉTÉ CRÉÉS en Jésus-Christ POUR DES ŒUVRES BONNES, que Dieu a préparées d'avance, afin que nous nous y adonnions.

Éphésiens 2 :10

J'ai eu un jour une discussion avec un chauffeur de taxi de Londres. Je lui ai dit que j'étais un chrétien, et j'ai commencé à lui parler de Christ. Je lui ai également parlé de la réalité du ciel et de l'enfer. Il s'est mis à rire et m'a demandé si je croyais vraiment à tout ce que je lui disais.

Il m'a dit : « Si le ciel existe vraiment, pourquoi les chrétiens ne se suicident-ils pas pour aller tout de suite au ciel ? »

Ce qu'il voulait dire par là, c'est que puisque le ciel est un endroit si agréable, et que les chrétiens n'ont rien à faire sur la terre, ils devraient se transférer eux-mêmes et immédiatement au ciel.

S'il n'y a vraiment rien à faire pour les chrétiens sur la terre, cet homme a parfaitement raison. Cependant, la réalité, c'est que les chrétiens ont beaucoup à faire sur la terre avant d'aller au ciel. Nous sommes censés témoigner et prêcher l'Évangile de Jésus-Christ. Nous devons à tout prix gagner les perdus.

Le salut de millions de gens dépend de nous. Je suis désolé de dire que la plupart des chrétiens n'ont pas encore découvert les raisons pour lesquelles ils ont été sauvés.

La Bible dit que nous avons été sauvés pour une raison - pour accomplir des bonnes œuvres !

Car nous sommes son ouvrage, NOUS AVONS ÉTÉ CRÉÉS en Jésus-Christ POUR DES ŒUVRES BONNES que Dieu a préparées d'avance, afin que nous nous y adonnions.

Éphésiens 2 :10

Les chrétiens rétrogradent tous les jours parce qu'ils n'ont aucun but pour leur présence dans l'église. Les gens viennent à l'église mais, après quelque temps, ils se retirent, car ils ne trouvent aucune signification à la vie de l'église. Quiconque s'engage pour gagner des âmes découvre alors la raison de son salut. L'activité qui consiste à gagner des âmes fait croître l'estime de soi du chrétien.

4. **Vous devez être un gagneur d'âmes parce que cette activité apporte une grande joie et stimule les chrétiens.**

Après cela, le Seigneur en désigna soixante-douze autres et les envoya devant lui, deux à deux, dans toute ville et en tout lieu où lui-même devait se rendre. Il leur disait : La moisson est grande... Allez ! Je vous envoie... Les soixante-dix REVINRENT AVEC JOIE...

Luc 10 :1-3,17

Chaque fois que vous sortirez prêcher, vous reviendrez avec joie. On ressent de la joie quand les âmes sont sauvées. Je ne peux pas l'expliquer. Seule une mère de famille peut expliquer ce qu'elle ressent lorsque son enfant vient de naître. J'ai vu de nombreuses femmes souffrir à l'approche de l'accouchement, mais ni la douleur ni les efforts ne peuvent les empêcher de se réjouir ensuite.

Quand vous amènerez une personne au Seigneur, vous découvrirez ce que signifie la joie du Seigneur. Je ne peux pas vous l'expliquer. Vous devez le découvrir par vous-mêmes. J'ai constaté que les membres de mon église sont stimulés lorsqu'ils s'adonnent à l'activité de gagneur d'âmes. Quand on gagne des âmes, on répand dans l'église la joie du Seigneur.

5. Vous devez être un gagneur d'âmes parce que la vraie grandeur d'une église ne réside pas dans le nombre de personnes qu'elle contient, mais dans celui des personnes qu'elle envoie.

6. Vous devez être un gagneur d'âmes parce que cette activité constitue le battement de cœur de Jésus.

Il y a quelques années, j'ai eu une vision. Dans cette vision, j'ai vu un cœur humain qui était couvert de sang. Le cœur battait. Ce jour là, Dieu a imprimé sur mon cœur que le cri du cœur de Jésus-Christ, c'est la moisson des champs. Jésus n'a pas quitté son trône pour rien ! Il est venu dans ce monde pour sauver les pécheurs.

Car le Fils de l'homme est venu chercher et sauver ce qui était perdu.

Luc 19 :10

7. Vous devez être un gagneur d'âmes parce que cette activité empêche les divisions au sein de l'église.

Quand les membres de votre église sont engagés dans des activités fructueuses, ils n'ont plus de temps pour les querelles mesquines qui entraînent des divisions. *Les pasteurs doivent enseigner aux membres de leur église qu'une âme est une âme et qu'elle a de la valeur aux yeux de Dieu.*

Quand les membres de l'église comprennent qu'il y a des âmes à gagner, leurs priorités deviennent celles de la Bible.

Les divisions au sein de l'église sont ainsi évitées. Quand, dans un même lieu, de trop nombreux chrétiens n'ont aucune activité, cela engendre des blessures et des querelles.

8. Vous devez être un gagneur d'âmes parce que cette activité engendre le soutien et la protection de Dieu.

« Ce n'est pas à nous de choisir de répandre l'Évangile ou non. C'est notre mort, si nous ne le faisons pas. »

Peter Taylor Forsyth

Quand vous gagnez des âmes, vous engendrez le soutien de Dieu pour tout ce que vous faites.

À mesure que vous lirez la Bible, vous découvrirez que l'activité de gagneur d'âmes engendre une joie céleste. Le ciel réagit chaque fois qu'une âme est gagnée pour le Seigneur.

De même, je vous le dis, il y aura plus de JOIE DANS LE CIEL pour un seul pécheur qui change radicalement que pour quatre-vingt-dix-neuf justes qui n'ont pas besoin d'un changement radical.

De même, je vous le dis, il y a de la JOIE DEVANT LES ANGES DE DIEU pour un seul pécheur qui change radicalement.

Luc 15 :7,10

Les églises doivent connaître la raison de leur existence : engendrer des âmes pour le ciel. Les ambassades existent pour représenter le gouvernement dont elles sont issues. De même, les églises sont des ambassades célestes.

Bien des gens prient que Dieu les préserve du mal. Saviez-vous que la protection divine est mise à la disposition de tous ceux qui participent à l'accomplissement de la volonté de Dieu ?

Le psaume 91 déclare que Dieu vous gardera et vous protégera parce que vous vous êtes épris de Lui.

Puisqu'il s'est épris de moi, JE LUI DONNERAI D'ÉCHAPPER ; je le protégerai, puisqu'il connaît mon nom.

Il m'invoquera, et je lui répondrai ; JE SERAI MOI-MÊME AVEC LUI DANS LA DÉTRESSE, JE LE DÉLIVRERAI et le glorifierai.

Je le rassasierai de la longueur des jours et lui ferai voir mon salut.

Psaume 91 :14-16

Quand vous vous éprenez de Dieu afin de lui plaire, Dieu vous annonce qu'il va vous délivrer. Je crois que je fais la volonté de Dieu. C'est peut-être la seule raison pour laquelle je suis encore en vie. Tout comme Paul, j'ai eu quelques expériences qui m'ont fait frôler la mort, parmi lesquels plusieurs accidents d'avion et quelques accidents de voiture.

Ils sont ministres du Christ ? Je déraisonne - je le suis plus encore : par les travaux pénibles, bien plus ; par les emprisonnements, bien plus ; par les coups, bien davantage. Souvent en danger de mort : cinq fois, j'ai reçu des Juifs quarante coups moins un, trois fois j'ai été frappé à coups de bâton, une fois j'ai été lapidé, trois fois j'ai fait naufrage ; j'ai passé un jour et une nuit dans les abysses.

2 Corinthiens 11 :23-25

Dans toutes ces choses, je peux parler comme Paul et dire que Dieu m'a délivré de toutes ces épreuves.

Car je suis persuadé que ni mort, ni vie, ni anges, ni principats, ni présent, ni avenir, ni puissances, ni hauteur, ni profondeur, ni aucune autre création ne pourra nous séparer de l'amour de Dieu en Jésus-Christ, notre Seigneur.

Romains 8 :38-39

Je vois Dieu vous délivrer maintenant ! Je vois Dieu vous aider dans les moments difficiles ! Je vois Dieu se tenir à vos côtés parce que vous vous êtes épris de Lui !

Voulez-vous rester dans la volonté de Dieu ? Voulez-vous la croissance de votre église ? Devenez aujourd'hui un gagneur d'âmes. Vous verrez une différence dans votre église.

Je ne considère avoir fait mon travail pastoral que lorsque je suis capable de convertir un membre de mon église en serviteur de Dieu. Je veux que chaque membre de mon église soit un gagneur d'âmes. Je veux qu'ils portent du fruit qui puisse être montré. S'il n'y a pas de moisson d'âmes, le pasteur n'aura pas de brebis à garder. Chaque pasteur peut faire le travail d'un évangéliste !

9. Vous devez être un gagneur d'âmes parce que cette activité vous empêche de faire toujours briller les mêmes pièces de monnaie.

Ou bien quelle femme, si elle a dix drachmes et qu'elle perde une drachme, n'allume une lampe, ne balaie la maison et ne cherche avec soin, jusqu'à ce qu'elle la retrouve ?

Lorsqu'elle l'a retrouvée, elle appelle chez elle ses amies et ses voisines et dit : « Réjouissez-vous avec moi, car j'ai retrouvé la drachme que j'avais perdue ! »

De même, je vous le dis, il y a de la joie devant les anges de Dieu pour un seul pécheur qui change radicalement.

Luc 15 :8-10

Il est important d'éviter de commettre l'erreur qui consiste à compter attentivement et polir sans arrêt les pièces de monnaie auxquelles nous tenons tant, au lieu de partir à la recherche de la pièce perdue – c'est-à-dire du non-croyant.

Pourquoi si peu de chrétiens s'engagent-ils dans le travail de gagneur d'âmes ? Quand de nouvelles églises s'ouvrent, on ne voit pas beaucoup de gens se transformer en gagneurs d'âmes. Il est plus facile de commencer une église en « volant » des brebis plutôt qu'en gagnant des âmes, parce qu'il est plus facile de détruire que de construire !

Avant de quitter cette terre, Jésus a insisté sur la nécessité de prêcher l'Évangile aux perdus. Il est triste de remarquer que l'activité de gagneur d'âmes est devenue aujourd'hui une question secondaire, au sein de l'Église. Alors que l'ordre d'aller chercher les perdus était au départ une priorité, il a été relégué à l'arrière-plan.

La plupart d'entre nous commettent l'erreur qui consiste à « polir sans arrêt les mêmes pièces de monnaie ». Les membres de l'église qui sont déjà bien établis sont les neuf drachmes dont il est parlé dans le texte ci-dessus. Les serviteurs de Dieu passent le plus clair de leur temps à polir sans arrêt ces neuf drachmes !

Ou bien quelle femme, si elle a dix drachmes et qu'elle perde une drachme, n'allume une lampe, ne balaie la maison et ne cherche avec soin, jusqu'à ce qu'elle la retrouve ?

Lorsqu'elle l'a retrouvée, elle appelle chez elle ses amies et ses voisines et dit : « RÉJOUISSEZ-VOUS AVEC MOI, CAR J'AI RETROUVÉ LA DRACHME QUE J'AVAIS PERDUE ! »

Luc 15 :8-9

La drachme perdue représente les pécheurs perdus et mourants. Quand je suis de passage dans une église, il m'arrive parfois de regarder la foule des personnes présentes et de me dire à moi-même qu'ils sont les neuf drachmes que je vais pouvoir polir à volonté !

Nous invitons ainsi des enseignants et des prophètes de renom pour qu'ils viennent polir nos drachmes. Nous organisons des séminaires sur le couple pour polir nos drachmes. Polir, encore et encore ! Nous tenons des réunions de cellules de maisons et nous polissons encore. Le polissage continue ! Nous organisons des réunions spéciales de fin d'année pour nos braves frères et sœurs chrétiens. Le polissage continue ! Pendant tout ce temps, la drachme qui reste change de couleur dans son coin. Les non-croyants s'endurcissent toujours plus à mesure que nous nous concentrons sur nous-mêmes.

Il est grand temps que nous dirigions notre attention sur la tâche suprême de l'Église qui est de gagner les perdus à tout prix ! Il est grand temps de moissonner les foules qui attendent la visite d'un prédicateur. **Nous devons éviter de commettre l'erreur qui consiste à polir, puis à polir encore, et enfin à polir encore une fois la même drachme.**

Chaque chrétien est d'abord un gagneur d'âmes. Remercions Dieu pour les talents qu'il nous donne pour jouer des sketches et pour chanter, mais nous devons d'abord être des témoins. Dès que vous serez un vrai gagneur d'âmes, vous pourrez également être un enseignant, un berger, un musicien, un chanteur ou un administrateur.

Les chrétiens qui deviennent chanteurs sans être des gagneurs d'âmes ne comprennent pas pourquoi ils chantent. Ils pensent souvent qu'ils sont censés impressionner les gens avec leurs beaux chants.

Vous êtes un chanteur chrétien et non un chrétien qui chante – et il y a une différence !

Quoi que nous fassions au sein du corps de Christ, rappelons-nous que l'on attend d'abord de nous que nous gagnions des âmes pour le Seigneur.

10. Vous devez être un gagneur d'âmes parce que vous devez empêcher les gens de bâtir leur maison sur le sable.

Mais quiconque entend de moi ces paroles et ne les met pas en pratique sera comme un fou qui a construit sa maison sur le sable. La pluie est tombée, les torrents sont venus, les vents ont soufflé et se sont abattus sur cette maison : elle est tombée, et sa chute a été grande.

Matthieu 7 :26-27

Si ce n'est le SEIGNEUR qui bâtit la maison, ceux qui la bâtissent travaillent inutilement ; si ce n'est le SEIGNEUR qui garde la ville, celui qui la garde veille inutilement.

Psaume 127 :1

11. Vous devez être un gagneur d'âmes parce que cette activité vous aidera à éviter d'utiliser une balance fausse.

La balance fausse est une abomination pour le Seigneur...

Proverbes 11 :1

Je vois un manque d'équilibre dans l'œuvre du Seigneur. Une balance fausse, c'est une chose terrible. La Bible appelle cela une abomination. On met trop l'accent sur l'église qui est déjà établie, au détriment d'un monde perdu et mourant.

C'est comme si dix personnes essaient de soulever un tronc d'arbre, neuf d'entre elles se tenant à une extrémité, et une seule personne à l'autre. Il y a là un déséquilibre.

Des statistiques alarmantes

Selon certaines statistiques, il existe dans le monde plus de mille groupes (tribus et races) de gens qui n'ont pas encore entendu une seule fois l'Évangile. On nous dit également que quatre-vingt-quatre pour cent des prédicateurs s'adressent à seulement neuf pour cent de la population du monde.

Que signifie cela ? Cela signifie que les six pour cent de prédicateurs restants luttent pour s'adresser à quatre-vingt-onze pour cent de la moisson dans le monde ! Comment s'étonner que des religions comme l'islam gagnent du terrain dans de grandes régions du monde !

Beaucoup sont morts alors qu'ils gagnaient des âmes

Combien de pasteurs charismatiques oints de l'Esprit aimeraient aller dans les endroits les plus isolés de n'importe quel pays ? Après m'être rendu dans le nord du Ghana, J'ai réalisé que la plupart des gens y vivent dans la misère. J'ai réalisé à quel point il a dû être difficile pour les missionnaires – ghanéens ou étrangers – de vivre là-bas !

Aujourd'hui, les gens ne veulent plus faire de grands sacrifices pour répandre l'Évangile.

Cher ami, nous devons nous rappeler que des gens ont donné leur vie pour que l'Église soit établie. J'apprécie beaucoup les missionnaires suisses, allemands et écossais qui sont venus au Ghana, il y a longtemps, pour y établir l'Église. La plupart d'entre eux sont morts de la malaria. Des messages ont alors été envoyés pour annoncer que tous les missionnaires étaient morts. Les églises d'Europe ont réagi en envoyant de nouveaux missionnaires.

La plupart d'entre ces derniers sont morts, et d'autres, comme F.A. Ramseyer (1868-1869), ont été capturés et emmenés à Kumasi, par les envahisseurs Ashanti.

La plupart des missionnaires, comme Johannes Christaller, ont posé de remarquables jalons, comme la traduction de la Bible en Twi (une langue locale ghanéenne), l'élaboration d'une grammaire Twi, d'un recueil de 3 600 proverbes Twi et de traductions d'œuvres doctrinales chrétiennes en Twi.

Johannes Zimmerman a fondé les Écoles de mission de Bâle à Osu et à Abokobi (1854). Il est également l'auteur de remarquables traductions dans la langue Ga (un autre dialecte local).

Tout cela signifie que des hommes de Dieu européens ont donné leur vie au Ghana pour l'établissement de l'Église. Ils l'ont fait à une époque où il n'y avait pas d'avion, d'électricité, d'eau courante, d'automobile, de télévision et de téléphone. Aujourd'hui, à une époque où la plupart de ces éléments de confort sont disponibles, les gens ne sont pas prêts à faire des voyages missionnaires exigeant des sacrifices semblables.

Ces apôtres sont venus, tout en sachant que leurs prédécesseurs étaient morts ou avaient été capturés, puis tués. Vous pouvez maudire l'homme blanc pour le commerce des esclaves ; il n'en reste pas moins que ce sont des apôtres authentiques qui nous ont apporté l'Évangile, ici en Afrique. Ils ont appris notre langue !

Ils ont traduit la Bible pour nous ! Ils ont vécu et sont morts au milieu d'un peuple étranger ! Tout cela pour l'amour de Christ !

Où est cet amour pour l'Évangile et pour le Seigneur qui va jusqu'au sacrifice ? J'ai comme l'impression que le ciel révèlera un jour toute une armée de héros inconnus. Ceux que nous saluons aujourd'hui comme de grands hommes de Dieu ne sont peut-être pas ceux qui recevront les lauriers lors de la « remise des diplômes » qui aura lieu au ciel !

Si, dans notre propre pays, nous ne sommes pas prêts à donner notre vie pour cet Évangile, l'Église ne va pas s'étendre ! Il est grand temps que nous envoyions des gens dans les villes et les villages isolés où Christ est encore inconnu. Il est temps que nous retournions aux jours des vrais missionnaires. Il est temps que les pasteurs décident s'ils sont appelés, ou s'ils cherchent simplement un autre travail.

J'ai vu les tombes des apôtres blancs

Je me souviens d'obsèques auxquelles j'ai assisté dans les monts Akwapim du Ghana. Nous étions au cimetière, attendant que le service funèbre commence. J'ai alors décidé de faire un petit tour, dans le cimetière. J'ai ainsi pu lire les noms qui étaient inscrits sur certaines tombes. Au début, je me disais que je ne verrais que les noms de gens habitant dans ces montagnes. Mais, à ma grande surprise, j'ai découvert les noms de personnes originaires de Suisse et d'Allemagne sur certaines tombes. J'ai réalisé à ce moment-là que je lisais les noms de missionnaires suisses qui étaient morts dans ces montagnes quelque cent ans plus tôt. J'ai été frappé par le fait que ces gens avaient payé un prix fort pour que l'Église s'étende au Ghana.

Aujourd'hui, si je lance un appel pour des personnes qui sont prêtes à partir en tant que missionnaires dans des lieux lointains et isolés, je n'obtiendrai que peu ou pas de réponse. Mais si je lançais un appel pour des personnes qui désirent partir en mission à New York ou à Paris, j'obtiendrai une réponse massive. Que se passe-t-il ? Nous intéressons-nous vraiment aux perdus, ou nous intéressons-nous seulement au fait de devenir des pasteurs riches et populaires, exerçant dans de grandes villes ?

Une autre source d'emploi ?

Je me demande souvent ce que les gens veulent vraiment dire quand ils disent qu'ils sont appelés au ministère. La plupart des gens considèrent l'acceptation d'un ministère à temps complet comme une autre source d'activité. Je N'exerce PAS un ministère à plein-temps parce que je n'ai pas trouvé d'autre travail. Je le vois comme un appel. Je le vois comme une chose que je dois faire.

Je peux dire en toute confiance, avec Paul : « Malheur à moi, si je ne prêche pas l'Évangile ! » Si je voulais être riche, je ne serais pas pasteur. Dieu m'a déjà béni dans l'exercice d'une profession noble et lucrative à la fois – la profession médicale.

Pourquoi je suis devenu pasteur

Le ministère au service du Seigneur Jésus-Christ est un appel et doit toujours le demeurer. On a demandé un jour à un pasteur : « Comment avez-vous fait pour entrer dans le ministère ? »

Il a répondu : « J'étais vraiment nul à l'école, alors j'ai décidé de devenir pasteur. »

Si c'est la raison pour laquelle vous êtes devenu pasteur, vous n'allez certainement pas porter le fardeau que Jésus lui-même a porté ! Vous n'allez certainement pas transmettre le fardeau des perdus à votre congrégation.

Il est temps que nous revenions à l'appel premier de l'Église. Il est temps que nous comprenions que notre tâche principale, c'est de gagner des âmes.

Gagner des âmes, c'est la tâche principale de Lighthouse Chapel International. Dans mon église, tous les choristes participent à des actions d'évangélisation. Ils gagnent des âmes et participent à leur suivi. Je leur ai fait comprendre qu'ils sont des chanteurs chrétiens et non des chrétiens qui chantent ! Dans mon église, les membres du service d'accueil participent à l'évangélisation personnelle. À un certain moment, notre service d'accueil a pris beaucoup d'ampleur parce que le responsable de ce service d'accueil emmenait souvent ses membres dans le ministère de prédication de « bus à bus ».

Analysons le nombre de champs à moissonner et le nombre d'ouvriers dont nous disposons. Il y a un grand déséquilibre entre les champs à moissonner et les ouvriers. Il est temps pour nous de regarder les cartes et de découvrir où se trouvent les pécheurs, pour aller ensuite vers eux. **Il est grand temps que ceux qui ont été oubliés entendent.** Il est grand temps que les pauvres entendent. Il est grand temps que ceux qui ont été négligés reçoivent de la lumière. Il est grand temps que ceux qui obtiennent leur diplôme universitaire disent : « Je veux consacrer le reste de ma vie au service du Seigneur Jésus-Christ. Je veux gagner les perdus à tout prix ! »

Une méga croisade

J'ai organisé un jour une croisade dans l'un des grands parcs de ma ville. Un évangéliste avait fait le voyage depuis les États-Unis pour prêcher lors de cette croisade. Quand l'heure de prêcher est arrivée, j'ai décidé de faire une chose inhabituelle.

Une grande foule était présente. Tous les gens étaient assis, dans l'attente de la suite des événements. Je me suis alors dit à moi-même que la plupart des gens, dans cette foule, devaient être des chrétiens. Nous avons annoncé la réunion à la télévision, et les chrétiens étaient tous venus.

J'ai alors dit aux pasteurs qui m'entouraient : « Envoyons tous ces gens inviter des pécheurs à la réunion. »

La plupart des pasteurs se demandaient ce qui allait se passer. Je leur ai dit : « La raison pour laquelle nous sommes assemblés est de gagner des âmes à Christ. Mais s'il n'y a pas d'âmes perdues dans cette foule, à quoi bon tenir cette réunion ? Pourquoi avons-nous dépensé tout cet argent ? »

Nous avons renvoyé la foule, et ils se sont fait une joie d'inviter des centaines d'âmes affamées. Certains se sont peut-être dit que, dans un tel rassemblement international, faire une chose pareille était inacceptable. Mais ce soir-là, nous avons eu une glorieuse moisson d'âmes pour le Seigneur.

12. Vous devez être un gagneur d'âmes et laisser le Seigneur vous envoyer gagner des âmes afin que ce ne soit pas la persécution et les autres problèmes qui vous envoient, comme cela s'est passé avec la première église.

Saul approuvait le meurtre d'Étienne. Ce jour-là, une grande persécution s'abattit sur l'Église qui était à Jérusalem. Tous – exceptés les apôtres – se dispersèrent en Judée et en Samarie.

Mais des hommes pieux ensevelirent Étienne et firent sur lui de grandes lamentations. Saul, lui, ravageait l'Église ; il pénétrait dans les maisons, en arrachait hommes et femmes et les faisait jeter en prison.

LÀ OÙ ILS PASSAIENT, CEUX QUI AVAIENT ÉTÉ DISPERSÉS ANNONÇAIENT LA PAROLE, COMME UNE BONNE NOUVELLE.

Actes 8 :1-4

« Rester ici et désobéir à Dieu – je ne peux me permettre d'en subir les conséquences. Je préfère aller et obéir à Dieu plutôt que rester ici et savoir que j'ai désobéi. »

Amanda Berry Smith

Dieu lance un avertissement à l'Église : « Si vous ne vous répandez pas, je me chargerai moi-même de vous éparpiller. » Saviez-vous que la première Église n'a pas complètement obéi à l'instruction qu'elle avait reçue de gagner des âmes ?

Dieu dispose de plusieurs manières pour se faire obéir. Quand la première Église a refusé d'aller, Dieu a permis qu'une grande persécution vienne sur elle. Il a envoyé un homme, qui s'appelait Saul, pour harceler l'Église jusqu'à ce que ses membres soient forcés de s'éloigner de Jérusalem pour éviter la mort.

De nombreuses églises font l'expérience des divisions les plus douloureuses. Si vous regardez attentivement, vous découvrirez que la plupart de ces divisions douloureuses conduisent en réalité à la croissance de l'église, sur le long terme. La raison est que la plupart des pasteurs ont alors l'occasion de développer leurs talents et de contribuer ainsi à la fondation de nouvelles églises. **Attendez-vous que votre église se divise pour obéir à Dieu ?**

Je ris quand les gens me critiquent parce que j'implante de nombreuses églises dans la même ville. Je me dis que ces gens-là ne savent pas de quoi ils parlent. Tout près de l'endroit où je me trouve, j'ai de grandes et magnifiques églises annexes. La plupart de leurs pasteurs travaillaient auparavant avec moi, au quartier général. Quand j'ai senti qu'ils étaient en mesure d'exercer leur ministère, je les ai envoyés afin qu'ils fondent d'autres églises. Presque tous ont réussi à établir des églises qui sont solidement fondées sur la Bible, et c'est l'ensemble du ministère qui s'est étendu par ce moyen.

13. Vous devez être un gagneur d'âmes parce que cette activité permet de faire des affaires.

Dieu nous a donné un grand salut. Il s'attend à ce que nous prenions cette dose de salut et que nous la partagions avec les autres. Quand nous partageons ce qu'il nous a donné, le don de Dieu s'accroît. Voulez-vous une plus grande onction sur votre vie ? Il existe un processus qui permet à l'onction et aux dons d'augmenter. On appelle cela « faire des affaires ».

...afin de savoir QUELLES AFFAIRES ILS AVAIENT FAITES.

Luc 19 :15

Plus vous accomplissez l'œuvre de Dieu, plus votre onction s'accroît. N'oubliez pas l'histoire du maître qui avait donné dix mines à ses esclaves. Il leur a dit : « Faites des affaires jusqu'à ce que j'arrive. »

Quand le maître fut de retour, certains de ses esclaves avaient fait plus d'affaires que d'autres.

Le premier se présenta et dit : Maître, TA MINE [onction] A RAPPORTÉ dix mines.

Luc 19 :16

La mine représente l'onction. La mine représente les dons que Dieu vous a donnés. **Ce don s'accroît surnaturellement quand vous commencez à travailler !** Quand vous plongez dans l'activité de gagneur d'âmes et de l'évangélisation, l'onction qui repose sur votre vie va doubler et même tripler. *Je vous vois faire des affaires ! Je vous vois recevoir une nouvelle onction en faisant fructifier ce que Dieu vous a donné ! Je vous vois prêcher à des milliers de personnes et accomplir des miracles !*

J'apprécie toujours de retourner dans la salle de classe où j'ai commencé à exercer le ministère. Parfois, je m'arrête à l'extérieur de cette salle de classe, près de la fenêtre, là où tout a commencé, et je regarde les quelques chaises qui subsistent. Je me revois prêcher à une dizaine de personnes.

Pendant des années, je me suis trouvé sur la petite estrade, prêchant tous les dimanches et tous les mardis. Au début, je prêchais à quelques personnes, cinq peut-être. Mais j'ai vraiment fait des affaires. Maintenant, c'est à des milliers de personnes que je prêche chaque semaine. Je remercie toujours Dieu pour sa compassion.

14. Vous devez être un gagneur d'âmes parce que cette activité vous donne le droit à une promotion du royaume.

Après vous avoir fait progresser en vous enseignant le secret qui permet de faire des affaires, Dieu vous élèvera en utilisant une autre méthode que j'appelle « la promotion du royaume ». Quand vous faites des affaires, votre mine ne peut que rapporter davantage. Mais lorsque le maître juge que vous avez fait des affaires, vous recevez une « promotion du royaume ».

Une « promotion du royaume », c'est un avancement qui est si élevé que vous êtes émerveillé par l'ampleur de ce que le Seigneur a fait pour vous. L'homme qui avait reçu autorité sur dix villes ne pouvait pas comparer sa nouvelle position avec son ancienne tâche et ses dix mines.

...puisque tu as été digne de confiance dans une petite affaire, tu auras autorité sur dix villes.

Luc 19 :17

Quand vous recevrez votre « promotion du royaume », vous saurez que Dieu vous a vraiment élevé au-dessus de la poussière.

15. Vous devez être un gagneur d'âmes parce que cette activité vous permettra d'éviter d'être accusé de meurtre. Vous ne voulez pas avoir à rendre compte du sang de quelqu'un d'autre.

Humain, je te fais guetteur pour la maison d'Israël. Tu écouteras la parole de ma bouche et tu les avertiras de ma part.

Quand je dirai au méchant : « Tu mourras ! », si tu ne l'avertis pas, si tu ne parles pas pour avertir le méchant au sujet de sa voie méchante afin de lui sauver la vie, ce méchant mourra dans sa faute ; mais son sang, je te le réclamerai.

Ézéchiel 3 :17,18

Que signifie l'expression ci-dessus : « ...son sang, je te le réclamerai » ? Je me souviens de l'époque où mon père, homme de loi, eut à défendre un homme qui était accusé de meurtre. Adélaïde, ma femme, et son ami, le pasteur Sackey, étaient des jeunes avocats et travaillaient avec mon père. L'affaire était intéressante à suivre.

La famille de l'accusé et celle de la victime assistaient au procès. Avant que le jury ne rende son verdict, le pasteur Sackey devait prendre une dernière fois la parole pour défendre l'accusé. On sentait une grande tension dans la salle d'audience, qui était pleine à craquer, puisque les deux familles suivaient le procès. Les parties concernées voulaient savoir si cet homme était coupable ou non.

Que se passait-il, au juste ? Les gens réclamaient le sang du fermier qui avait été tué par l'accusé.

Quand la Bible dit que Dieu vous réclamera le sang des pécheurs, cela signifie simplement qu'il vous sera demandé

de répondre de l'accusation de meurtre. Je suis sûr que vous ne vous considérez pas comme un meurtrier ou un tueur. Mais si vous refusez d'avertir les pécheurs, d'organiser des croisades et d'aller de porte à porte pour rendre témoignage, vous enverrez indirectement des gens en enfer. Dieu dit qu'il vous en tiendra responsable ! C'est la raison pour laquelle vous devez prêcher l'Évangile à chaque coin de rue, le long des chemins et le long des haies.

Nous devons nous comporter comme si le salut du monde entier dépendait de nous. Sans une telle attitude, nous estimerons qu'il se trouvera toujours un évangéliste zélé pour faire le travail.

Cher ami, il n'y a que très peu d'évangélistes zélés aujourd'hui. Les évangélistes sont très peu soutenus dans leur travail. Il semble qu'il soit bien plus intéressant d'être un pasteur que d'être un évangéliste. Les dons qui sont à la disposition de l'évangéliste ne peuvent être comparés à ceux que les pasteurs reçoivent des millionnaires chrétiens repus qui sont assis dans leurs églises.

Pourquoi vouloir être un évangéliste ? Il s'agit vraiment d'un travail ingrat dont on ne peut voir la récompense que dans l'éternité. Je crois que Dieu bénit richement toute personne qui choisit de gagner des âmes et en fait l'œuvre de sa vie.

16. Vous devez être un gagneur d'âmes parce que cette activité vous fait avoir de beaux pieds.

Et comment proclamerait-on, si l'on n'est pas envoyé ? Ainsi qu'il est écrit : Qu'il sont beaux, les pieds de ceux qui annoncent de bonnes nouvelles !

Romains 10 :15

Comme ils sont beaux les pieds de ceux qui annoncent de bonnes nouvelles ! Qu'est-ce que la bonne nouvelle ? Est-ce la bonne nouvelle que l'électricité arrive maintenant jusqu'au village ? Est-ce la bonne nouvelle que l'eau courante vient maintenant jusqu'à votre ville ? Est-ce la bonne nouvelle que nous avons un nouveau président ? Aucune d'entre ces nouvelles ne constitue la bonne nouvelle de l'Évangile. **Aucune nouvelle**

ne ressemble à l'Évangile de Jésus-Christ. C'est la seule réponse aux problèmes d'une race humaine perdue.

Le monde entier gît dans la confusion. Si l'on vendait un ou deux missiles de croisière, les problèmes de millions de gens seraient résolus ! La distribution de richesse est faite d'une manière déséquilibrée. Les pauvres deviennent plus pauvres et les riches plus riches. Il semble bien que certains endroits de la terre soient maudits. Un grand nombre de gens ne peuvent pas joindre les deux bouts.

Dans les pays sous-développés, les gens parlent de la crise de l'économie globale et les enfants n'ont pas assez à manger. Dans le riche monde occidental, les gens s'inquiètent parce que certaines personnes n'auront pas de dinde et de salade à manger à Noël ! À chacun ses problèmes !

De quelle bonne nouvelle ces gens ont-ils besoin ? Tout le monde a besoin de l'Évangile. L'Évangile est bon pour les riches comme pour les pauvres. L'Évangile est une bonne nouvelle pour les nations occidentales comme pour les nations orientales. La prédication de Jésus-Christ est aussi puissante dans les pays communistes que dans les pays capitalistes.

17. Vous devez être un gagneur d'âmes parce que l'Église des derniers temps doit insister sur la nécessité de gagner le monde et de précipiter le retour de Christ.

Beaucoup, en effet, viendront en se servant de mon nom, en disant : « C'est moi qui suis le Christ ! », et ils égareront une multitude de gens.

Vous allez entendre parler de guerres et de rumeurs de guerres : gardez-vous de vous alarmer ; car cela doit arriver, mais ce n'est pas encore la fin.

Car nation se dressera contre nation et royaume contre royaume ; dans divers lieux, il y aura des famines et des tremblements de terre.

Mais tout cela ne sera que le commencement des douleurs de l'accouchement.

Alors on vous livrera à la détresse et on vous tuera ; vous serez détestés de toutes les nations à cause de mon nom.

Ce sera pour beaucoup une cause de chute ; ils se livreront, ils se détesteront les uns les autres. Beaucoup de prophètes de mensonge se lèveront et égareront une multitude de gens.

Parce que le mal se répandra, l'amour de la multitude se refroidira.

Mais celui qui persévérera jusqu'à la fin sera sauvé.

Cette bonne nouvelle du Règne sera proclamée par toute la terre habitée ; ce sera un témoignage pour toutes les nations. ALORS VIENDRA LA FIN.

Matthieu 24 :5-14

Je vois une dernière vague de puissance miraculeuse venir sur la terre. Elle va vous permettre d'aller dans les champs de la moisson. Dieu va vous soutenir ! La puissance du Saint-Esprit est en nous quand nous nous décidons à saisir la moisson à bras-le-corps. *Savez-vous que l'enlèvement n'aura pas lieu tant que l'Évangile n'aura pas été prêché à toutes les nations ?*

Jésus nous a indiqué des signes de la fin. Le dernier signe particulier est la prédication de l'Évangile aux nations.

La fin du monde dépend de votre activité de gagneur d'âmes. Levons-nous ensemble et précipitons le retour de Jésus-Christ pour qu'il dirige ce monde avec autorité et puissance.

18. **Vous devez être un gagneur d'âmes parce que cette activité est la marque distinctive du chrétien. Comme** *James S. Stewart* **l'a dit, « le souci de l'évangélisation du monde… ne peut jamais être le territoire de quelques enthousiastes, l'activité secondaire ou la spécialité de ceux qui se trouvent avoir un penchant pour cela. C'est la marque distinctive du chrétien. »**

La moisson des perdus, c'est la première et la principale tâche de toute l'Église. Je m'adresse aux prophètes. Je m'adresse aux enseignants. Je m'adresse aux chanteurs. J'exerce mon ministère auprès d'administrateurs. L'Évangile est la priorité. Nous devons gagner les perdus à n'importe quel prix !

Il faut D'ABORD que la bonne nouvelle soit proclamée à toutes les nations.

Marc 13 :10

Notre tâche prioritaire doit être de gagner des âmes. Cela doit être la priorité de chaque église. Il s'agit de la grande mission qui nous a été confiée. Quand notre chorale interprète des chants, que les âmes perdues demeurent notre cible.

Cher prophète, quand le Seigneur se sert de vous pour accomplir des signes et des prodiges, rappelez-vous que ces signes et ces prodiges ont pour but d'attirer *les pécheurs à Christ*. Si, au contraire, ils ne servent qu'à attirer les gens riches dans votre communauté, c'est que vous n'avez pas compris pourquoi Dieu a fait de vous un prophète.

Les dons du ministère ne sont pas donnés pour acquérir de belles maisons et de belles voitures. Ce sont des instruments puissants qui servent pour la moisson. Quand les gens viennent vous voir avec des problèmes financiers et conjugaux, dirigez-les s'il vous plaît vers Christ en priorité. Assurez-vous qu'ils sont sauvés dans le Seigneur.

Un homme âgé est venu me voir, un jour. Il avait un chapelet de problèmes. Il voulait que je prie pour sa clinique, son couple et son foyer. Il pensait avoir besoin de délivrance, de conseils et de prière !

Je lui ai posé une simple question : « Êtes-vous né de nouveau ? »

Il ne savait même pas ce que cela signifiait ! J'ai compris tout de suite que cet homme avait *d'abord* besoin de Christ. Je l'ai immédiatement invité à faire la prière du pécheur afin de recevoir le Seigneur. Ce n'est qu'ensuite que j'ai examiné ses autres problèmes.

Cher revivaliste, je suis très heureux de voir la démonstration spectaculaire de signes et de prodiges dans votre ministère ! Nous avons prié pendant des années pour que les signes et les prodiges soient de retour dans l'Église. Mais de grâce, rappelez-vous pourquoi les signes et les prodiges sont rétablis dans l'Église. Ils le sont pour la moisson. Utilisez donc votre capacité à rassembler des foules pour gagner des âmes.

J'ai observé ces grandes foules qui se rassemblent dans les méga églises d'aujourd'hui. C'est pathétique de les voir se rassembler et se disperser ensuite, sans que le moindre appel au salut ne soit lancé. Si nous ne gérons pas comme il se doit la croissance de notre église, Dieu suscitera d'autres personnes. Nous devons gagner les perdus à n'importe quel coût.

19. Vous devez être un gagneur d'âmes aujourd'hui et vaincre le péché de distraction.

Mais si c'est un mauvais esclave qui se dit : « Mon maître tarde à venir », Qu'il commence à battre ses compagnons d'esclavage, qu'il mange et boive avec les ivrognes,

Le maître de cet esclave viendra le jour où il ne s'y attend pas et à l'heure qu'il ne connaît pas.

Matthieu 24 :48-50

Dans le texte ci-dessus, l'esclave était distrait et il a commencé à s'occuper de détruire ses compagnons. Il est très facile de se laisser distraire de sa tâche principale. L'église est si bien établie que, parfois, elle perd de vue la raison même de son existence. En tant que pasteur à plein-temps, je m'efforce de rester concentré sur mon appel.

Je crois aux échanges entre les églises. Cependant, il y a des moments où de telles échanges peuvent distraire. Contrairement à la croyance traditionnelle, il a été démontré qu'une grande partie des échanges entre les églises ne contribue pas à la croissance de l'église. Ces interactions ont même engendré certaines blessures et certaines querelles. Les pasteurs se retrouvent alors à passer beaucoup de temps à aplanir les différences, et tout ce temps aurait pu être consacré à l'accomplissement de leur tâche principale.

Notre église a été un jour attaquée par une bande d'individus qui brandissaient des bâtons et des pierres. Nous avons eu un sérieux affrontement avec eux et un grand nombre de personnes ont été blessées. La scène a été montrée à la télévision nationale et beaucoup de gens en ont eu connaissance.

J'ai été surpris, sans être choqué, d'entendre des chrétiens dire : « C'est bien fait pour eux ! » La plupart des gens sont jaloux du succès de leur frère, et s'engagent dans des conflits, à l'instar de Caïn et Abel. C'est très naturel. C'est pourquoi j'ai appris à rester dans mon coin et à faire l'œuvre de Dieu. Les conflits et les divisions à l'intérieur de l'église peuvent également nous distraire et nous éloigner de notre but principal, qui est de gagner les perdus.

Si votre église est aux prises avec un conflit intérieur important, je vais vous donner un conseil. Mettez-vous tout de suite à évangéliser ! Ne dites pas : « Je vais attendre que le problème se résolve avant de m'engager dans l'évangélisation. » L'engagement dans l'évangélisation vous aidera à détourner votre attention du problème.

20. Vous devez être un gagneur d'âmes aujourd'hui et vaincre le péché du report au lendemain.

Moïse dit au Pharaon : À toi l'honneur ! Pour quand intercéderai-je en ta faveur, en faveur des gens de ta cour et de ton peuple, afin qu'il fasse disparaître les grenouilles de chez toi et de tes maisons, de sorte qu'il n'en reste que dans le Nil ? Il répondit : Pour demain…

Exode 8 :5,6

Pharaon aurait pu être libéré des grenouilles le jour même, mais il a demandé que les grenouilles soient retirées le lendemain. Comme il est étrange que nous repoussions à plus tard les choses importantes quand nous pourrions les faire tout de suite.

Le principal ennemi de l'évangélisation, c'est le démon du report au lendemain. L'évangélisation est souvent reportée à plus tard. Certains vont même jusqu'à la supprimer de leurs programmes d'activités. « Je lui rendrai témoignage demain », disent-ils. « Nous organiserons une croisade l'année prochaine ; après tout, il y a d'autres problèmes urgents à traiter. »

Il y a des années, j'ai appris une leçon très importante lors d'une réunion des Hommes d'affaires du Plein Évangile. J'ai été invité à être l'orateur principal, lors d'une réunion autour d'un petit déjeuner. Quand j'ai eu terminé de parler, je me suis assis sur l'estrade, pendant qu'ils terminaient la réunion avec quelques annonces.

L'une des annonces m'a frappé et le Seigneur m'a parlé, à ce moment-là. Ils venaient d'annoncer que leur prochaine réunion d'évangélisation aurait lieu dans un mois.

En cet instant précis, le Seigneur m'a montré que ces gens-là avaient élaboré un programme rigide de réunions d'évangé-lisation mensuelles qui n'était pas négociable. Ce programme n'était pas négociable dans le sens où les réunions ne pouvaient pas être reportées ou annulées. Les orateurs qui intervenaient dans leurs réunions étaient parfois prévus un an à l'avance. Qu'il y ait un raz-de-marée, un bouleversement économique ou un tremblement de terre politique, la réunion aurait tout de même lieu. **À partir de ce moment-là, j'ai été convaincu que l'établissement d'un programme mensuel inflexible d'évangélisation pour chaque activité et ministère de notre église était la meilleure manière d'avancer.**

Cette vie est riche de soucis et de problèmes. La plupart des gens luttent pour payer les frais de scolarité de leurs enfants, pour faire construire et pour acheter à manger. La plupart des gens ont des problèmes conjugaux et ne savent pas comment faire venir la paix dans leur foyer. Ils disent : « Comment puis-je penser à l'évangélisation quand j'ai autant de problèmes ? »

Mais les inquiétudes du monde... étouffent la Parole...

Marc 4 :19

Cher ami chrétien, ne permets pas aux inquiétudes de ce monde d'étouffer l'appel de Dieu sur ta vie. Je te vois te lever en dépit de tous les poids et toutes les difficultés de la vie ! Le sage s'empare des gens ! Soyez sage, dès maintenant ! Emparez-vous de quelqu'un aujourd'hui ! La personne que vous amenez au Seigneur peut devenir une bénédiction pour vous, de plusieurs manières !

...le sage gagne les âmes.

Proverbes 11 :30 (J.N. Darby)

« Pas de réserve, pas de regret, pas de recul. »

William Borden

21. Vous devez être un gagneur d'âmes parce qu'est la raison pour laquelle Jésus est venu sur terre.

Car le Fils de l'homme EST VENU CHERCHER et sauver ce qui était perdu.

Luc 19 :10

22. Gagner des âmes est important si nous voulons être comme Christ.

Combien d'entre nous veulent être comme Christ ? Christ était un gagneur d'âmes et si nous voulons l'imiter, nous devons nous aussi être des gagneurs d'âmes.

Car le Fils de l'homme EST VENU CHERCHER et sauver ce qui était perdu.

Luc 19 :10

23. Vous devez être un gagneur d'âmes parce que chaque chrétien est à la base un « témoin » de ce qu'il a expérimenté avec Christ.

Qu'il soit un enseignant, un berger, un pasteur, un écrivain, un chanteur, un prophète, un musicien, un administrateur, il est à la base un gagneur d'âmes.

Mais vous recevrez de la puissance quand l'Esprit saint viendra sur vous, et vous serez mes témoins

à Jérusalem, dans toute la Judée et en Samarie, et jusqu'aux extrémités de la terre.

Actes 1 :8

James S. Stewart a dit : « Le souci de l'évangélisation du monde n'est pas une chose qui est attachée au christianisme personnel d'un homme, et qu'il peut prendre ou défaire comme il le veut. Il est enraciné dans le caractère même de Dieu qui est venu à nous en Christ Jésus. Ainsi, il ne peut jamais être le territoire de quelques enthousiastes, l'activité secondaire ou la spécialité de ceux qui se trouvent avoir un penchant pour cela. C'est la marque distinctive du chrétien. »

J. Stuart Holden a dit : « 'allez' fait tout autant partie de l'Évangile que « venez à moi ». Vous n'êtes même pas un chrétien tant que vous n'avez pas honnêtement fait face à votre responsabilité qui est de porter l'Évangile jusqu'aux extrémités de la terre. »

24. **Vous devez être un gagneur d'âmes parce que la moisson est particulièrement gigantesque et que très peu de chrétiens se sentent concernés par ce travail.**

    Alors il dit à ses disciples : LA MOISSON EST GRANDE, mais il y a peu d'ouvriers.

    Matthieu 9 :37

25. **Gagner des âmes est important parce que cela prouve que vous avez le cœur de Dieu qui a été ému de compassion pour les perdus.**

    À la vue des foules, IL FUT ÉMU, car elles étaient lassées et abattues, comme des moutons qui n'ont pas de berger.

    Matthieu 9 :36

26. **Vous devez être un gagneur d'âmes parce que l'équilibre du ministère montre que 20% de tout ministère est consacré à l'évangélisation.**

L'Écriture dit clairement que l'un des cinq ministères principaux – apôtres, prophètes, pasteurs, enseignants et évangélistes est consacré entièrement à gagner les perdus. Dans notre ministère moderne, bien moins de 20% de tout ministère est consacré à l'évangélisation. En réalité, presque tous les ministères sont consacrés au pastorat et à la prophétie à l'intention des brebis déjà prospères et gavées.

Et lui, il a donné les uns comme apôtres, les autres comme prophètes, les autres comme évangélistes, les autres comme pasteurs et docteurs.

Éphésiens 4.11 (J.N. Darby)

27. **Vous devez être un gagneur d'âmes parce que plus de 1 000 peuples n'ont pas encore entendu l'Évangile une seule fois. Ceux qui ont été oubliés doivent l'entendre, eux aussi :**

Je vis un autre ange qui volait au milieu du ciel ; il avait une bonne nouvelle éternelle à annoncer aux habitants de la terre, à toute nation, tribu, langue et peuple.

Apocalypse 14 :6

a. Si le monde avait 100 habitants, 60 seraient originaires d'Asie

b. Si le monde avait 100 habitants, 13 seraient originaires d'Afrique

c. Si le monde avait 100 habitants, 12 seraient originaires d'Europe

d. Si le monde avait 100 habitants, 9 seraient originaires d'Amérique du Sud

e. Si le monde avait 100 habitants, 5 seraient originaires d'Amérique du Nord

f. Si le monde avait 100 habitants, 1 serait originaire d'Océanie

Vous pouvez constater, d'après cette liste, que le ministère est surtout exercé en faveur de quelques américains prospères. La grande majorité des champs de la moisson sont tombés dans les mains de religions et de sectes diverses, tandis que les chrétiens continuent de mettre l'accent sur une prospérité « sans croix » et un message sans sacrifice qui affaiblit notre capacité à atteindre les perdus. Selon une autre statistique intéressante, 94% de l'ensemble des pasteurs prêchent à 9% de la moisson mondiale et 6% de l'ensemble des pasteurs prêchent à 91% de la moisson mondiale.

Méditant sur le nombre d'ouvriers de Christ œuvrant aux États-Unis par comparaison avec ceux qui œuvrent parmi les populations non-évangélisées, William Borden a dit que « si 10 hommes portent un tronc d'arbre – neuf d'entre eux soulevant le côté le moins épais et un seul gérant le côté le plus pesant – et que vous vouliez les aider, quel côté allez-vous vous proposer de soulever ? »

28. Gagner des âmes est important pour empêcher l'invasion des fausses religions dans nos communautés. Cette invasion est la conséquence évidente de l'absence de gagneurs d'âmes dans l'église.

29. Gagner des âmes est important parce que ces dernières ne peuvent entendre ou être sauvées sans prédicateur.

Comment donc invoqueraient-ils celui en qui ils n'ont pas mis leur foi ? Et comment croiraient-ils en celui qu'ils n'ont pas entendu proclamer ? Et comment entendraient-ils, s'il n'y a personne pour proclamer ?

Romains 10 :14

30. Gagner des âmes est important aujourd'hui, parce que la nuit vient où personne ne peut faire aucune œuvre.

Jésus a prononcé un jour cette parole prophétique : « Tant qu'il fait jour, il faut que nous accomplissions les œuvres de celui qui m'a envoyé ; la nuit vient où personne ne peut faire aucune œuvre. » Quels que soient votre onction ou vos talents, vous ne pourrez rien faire quand la nuit tombera.

Tant qu'il fait jour, il faut que nous accomplissions les œuvres de celui qui m'a envoyé ; LA NUIT VIENT, OÙ PERSONNE NE PEUT FAIRE AUCUNE OEUVRE.

Jean 9 :4

Jésus a parlé d'un temps où personne ne pourra accomplir l'œuvre de Dieu. Il a dit que le temps viendrait où personne ne pourra plus évangéliser. Regardez les champs de la moisson mondiale : vous constatez que la nuit est déjà tombée sur certaines parties du globe. Il est maintenant impossible de moissonner dans les champs, dans ces endroits de notre planète.

Regardez les pays musulmans du monde. Il y a, dans ces pays, des millions de gens qui vivent sous le nuage de la stricte loi de l'islam. Le christianisme est virtuellement interdit dans la plupart de ces pays. Il est très dangereux d'y prêcher l'Évangile.

Vous rappelez-vous l'époque de l'Union soviétique ? Le communisme y avait éliminé toute vraie vie d'église. La plupart des Russes qui vivaient à cette époque sont morts sans avoir entendu l'Évangile de Jésus-Christ parce qu'il était techniquement, légalement et physiquement impossible d'y prêcher l'Évangile.

Regardez certaines parties de l'Afrique, aujourd'hui. De nombreux pays africains sont de véritables champs de bataille. Je ne peux pas envoyer un mari ou un père de famille dans certains pays d'Afrique. Que dirais-je à l'épouse ou à la mère si le pasteur était tué ? Il est impossible de circuler dans certaines nations africaines. Les rebelles se sont emparés de vastes territoires, dans de nombreux pays.

La nuit est tombée dans ces endroits. C'est pourquoi nous devons profiter de chaque occasion. Et dire que la plupart des gens pensent que la paix l'emportera toujours !

Regardez des pays comme le Liberia et la République Démocratique du Congo (l'ancien Zaïre), qui ont joui pendant de nombreuses années d'une paix relative. Nous ne savions peut-être pas, à l'époque, que c'était encore le jour. Au moment où j'écris ces lignes, c'est maintenant la guerre dans l'ancien Zaïre.

Je ne peux pas me rendre là-bas, et je n'aimerais pas y envoyer quelqu'un d'autre. La nuit est venue, où personne ne peut faire aucune œuvre dans l'ancien Zaïre.

Dans certains pays occidentaux comme la Suisse, les chrétiens n'ont pas le droit de prêcher dans les rues ou d'organiser des croisades aussi librement qu'au Ghana. La police a interrogé notre pasteur en suisse pendant l'un des concerts de Gospel qui y ont été organisés. Pendant ce temps, les boutiques d'occultisme et de sorcellerie se développent librement dans toute la Suisse.

De nombreux pays d'Europe constituent des terrains particulièrement durs pour l'Évangile. L'esprit de l'athéisme est si bien retranché que la prédication de l'Évangile apparaît maintenant comme étant absurde.

Cependant, il reste de nombreux endroits où la nuit n'est pas encore tombée. Il est plus facile de prêcher l'Évangile de Jésus-Christ dans ces endroits. Dans les nations où l'on peut prêcher l'Évangile, vous découvrirez que certaines catégories de la population sont plus ouvertes à ce message.

31. Gagner des âmes est important parce que cela inculque une vision à l'église.

Les pasteurs ont une vision lorsqu'ils deviennent des gagneurs d'âmes. Les hommes d'affaires ont une vision lorsqu'ils deviennent des gagneurs d'âmes. Les chrétiens ont une vision lorsqu'ils deviennent des gagneurs d'âmes. Gagner des âmes, c'est la grande vision que toutes les églises doivent avoir.

> **Quand il n'y a pas de vision, le peuple est incontrôlable ; heureux celui qui garde l'enseignement.**
>
> **Proverbes 29 :18**

32. Vous devez être un gagneur d'âmes parce que les bergers et les pasteurs sont censés identifier les âmes perdues qui les entourent.

À la vue des foules, il fut ému, car elles étaient lassées et abattues, comme des moutons qui n'ont pas de berger.

Alors il dit à ses disciples : La moisson est grande, mais il y a peu d'ouvriers.

Matthieu 9 :36-37

Je suis pleinement conscient du fait que la plupart des chrétiens, et même des pasteurs, ne remarquent pas la moisson d'âmes qui les entoure. Je vois la multitude de gens qui nous environnent et je me demande s'ils connaissent Christ !

Il m'arrive parfois, quand je me rends à l'église, de voir des foules de gens qui déambulent le long des routes. Je me dis souvent à moi-même : « Combien de ces gens connaissent Christ comme leur Sauveur ? Combien d'entre eux vont vraiment mourir en Christ ? Combien d'entre eux vont à l'église le dimanche matin ? »

Récemment, ma femme et moi, nous roulions à travers les rues de Johannesburg (Afrique du sud), qui est vraiment une très belle ville. Nous y avons vu un grand nombre de bâtiments magnifiques. À un certain moment de notre promenade, nous avons pu contempler une magnifique vue panoramique de l'ensemble de la ville avec ses milliers de lumière.

Pendant que je regardais la ville, en bas, je me suis dit à moi-même qu'il y a vraiment un grand nombre de gens dans le monde. L'Afrique du Sud est pleine d'âmes. Je n'ai pas seulement vu les beaux bâtiments, mais également l'étendue de la moisson, qui reste pratiquement intacte.

Cher ami, des millions de gens vous entourent. J'ignore si vous remarquez qu'un grand nombre de ces âmes précieuses n'ont plus que quelque temps à vivre avant de goûter à l'éternité. Combien de gens vont mourir en Christ ? Combien de gens ressusciteront ?

Le fardeau de tous les pasteurs doit concerner les âmes. Le fardeau des âmes ne concerne pas seulement les évangélistes ! Le Seigneur Jésus a dit de lui-même :

C'est moi qui suis le bon berger [pasteur]...

Jean 10 :11

Un bon berger, c'est un bon pasteur. Jésus était le meilleur pasteur qui ait jamais vécu, et cependant, il a dit :

Car le Fils de l'homme est venu CHERCHER et SAUVER CE QUI ÉTAIT PERDU.

Luc 19 :10

Le bon pasteur, c'est celui qui cherche et sauve les perdus. Certains pensent qu'un bon pasteur se contente de s'occuper des brebis déjà existantes. Vous rappelez-vous ce texte de l'Écriture ?

C'est une parole certaine et digne d'être pleinement accueillie : Jésus-Christ est dans le monde pour sauver les pécheurs ; je suis, moi, le premier d'entre eux.

1 Timothée 1 :15

33. Vous devez être un gagneur d'âmes parce que cette activité est la tâche suprême de tout genre de ministère, même quand il ne s'agit pas d'un ministère d'évangéliste.

Dieu a offert au corps de Christ un ministère à cinq facettes pour s'assurer que l'œuvre de Christ continue. Nous avons les apôtres, les prophètes, les évangélistes, les pasteurs et les enseignants. Quelle est la tâche de ces différents ministères ? **Le but ultime de chaque ministère est de gagner les perdus à Christ.**

Quand vous allez dans un hôpital, vous y trouvez des secrétaires, des femmes de ménage et même des commissionnaires. Toutes ces personnes travaillent à l'hôpital, et ont pour but ultime d'apporter un service de santé à l'ensemble de la communauté. Chaque secrétaire employée dans l'hôpital doit savoir que les lettres qu'elles tapent contribuent à cette tâche. Ainsi en est-il des pasteurs, des prophètes et des enseignants. Notre but ultime est de récolter la moisson. Quand nous oublions la raison principale de l'existence de l'église, nous commençons à tomber dans l'erreur.

Parfois, quand vous parlez aux pasteurs, vous ne pouvez vous empêcher de penser que le fait de gagner des âmes est l'une des dernières choses qui leur viennent à l'idée. Comment puis-je savoir que la plupart des pasteurs ne se soucient pas des âmes ? En écoutant ce qu'ils prêchent et en observant la manière dont les réunions sont conduites, dans leur église. La plupart des pasteurs président des réunions sans faire le moindre appel pour les perdus. Cela tend à montrer que le salut des perdus n'est pas un fardeau qu'ils portent, car « c'est de l'abondance du cœur que la bouche parle ». **Quand je vois une grande foule, ce que je vois d'abord, ce sont les âmes qui peuvent être sauvées.** Après une démonstration de puissance, que devons-nous faire des âmes qui sont perdues ? Je peux voir la moisson. Je peux voir les champs qui sont blancs et mûrs pour la moisson et qui n'ont pratiquement pas été touchés.

Les élections exposent les champs de la moisson

En 1996, des élections présidentielles et parlementaires ont eut lieu au Ghana. Parmi les différents partis politiques qui disputaient, il y avait deux prétendants principaux. À l'issue du scrutin, ce samedi-là, les résultats portant sur l'ensemble du pays ont commencé à être publiés.

J'étais en prière, dans mon bureau, vers 3 heures du matin, quand j'ai décidé d'allumer la télévision. La chaîne que j'avais choisie avait organisé un débat avec des analystes pour discuter des résultats au fur et à mesure où ils arrivaient.

En cette aube particulière, j'ai vu les champs blancs de la moisson d'âmes d'une manière plus vivante encore. Pendant les quelques minutes où je regardais la télévision, les résultats venaient de trois grandes villes du pays. Dans ces trois villes principales, le parti d'opposition avait gagné avec une confortable avance. Les chiffres montraient que ce parti avait plusieurs milliers de voies d'avance.

Je me suis dit : « Oh là, l'opposition semble en passe de gagner ! »

J'ai alors éteint ma télévision et je me suis concentré sur la préparation de mes réunions du dimanche. En milieu de matinée, les résultats des élections provenant de villes éloignées et de districts pauvres commencèrent à rentrer. Cette fois-ci, l'histoire était différente. C'était un véritable raz-de-marée en faveur du parti au pouvoir. Il avait remporté tellement de voix dans les régions rurales et éloignées qu'il avala littéralement les succès que le parti d'opposition avait remportés dans les grandes capitales de région. Je contemplai les résultats et notai les noms de lieux dont je n'avais jamais entendu parler auparavant.

Pendant que j'observais le résultat des élections qui était favorable au parti au pouvoir, Dieu m'a parlé. Il m'a dit : « Il y a beaucoup plus d'êtres humains là-bas, dans cette nation, que tu ne peux en voir. » Et il a ajouté : « La vraie moisson est là-bas, dans les villes et les villages éloignés. »

Il m'a montré qu'il y avait des foules de gens là-bas, à une grande distance des grandes villes. Je me suis demandé à moi-même combien de milliers de gens dans ces zones rurales connaissaient vraiment le Seigneur !

Nous sommes parfois heureux quand nous avons deux cents personnes dans l'église de notre ville. C'est parce que nous ne pouvons voir l'étendue des champs de la moisson qui nous concernent. **Il y a des milliers et des milliers d'êtres humains là-bas, au-delà des routes principales et des villes !** Qui ira là-bas ? Comment entendront-ils parler de Jésus-Christ ? Comment croiront-ils s'ils n'entendent pas ? Et comment pourront-ils entendre l'Évangile si quelqu'un ne va le leur prêcher ?

Comment donc invoqueraient-ils celui en qui ils n'ont pas mis leur foi ? Et comment croiraient-ils en celui qu'ils n'ont pas entendu proclamer ? Et COMMENT ENTENDRAIENT-ILS, S'IL N'Y A PERSONNE POUR PROCLAMER ?

Romains 10 :14

Vous devez être un gagneur d'âmes parce que nous devons tous faire l'œuvre d'un évangéliste.

Mais toi, sois sobre en tout, supporte les souffrances, annonce la bonne nouvelle, assure pleinement ton ministère.

2 Timothée 4 :5

Me voici, envoie-le !

Il est facile de trouver un pasteur qui acceptera d'aller à New York ou Copenhague. Cependant, il n'est pas si facile de trouver un missionnaire qui acceptera d'aller dans l'une des villes les moins connues d'Afrique. Si les pasteurs voyaient l'immensité de la moisson, ils réaliseraient peut-être que nous avons besoin de nous concentrer sur l'évangélisation.

34. Gagner des âmes, c'est la tâche première de l'église.

Il faut D'ABORD que la bonne nouvelle SOIT PROCLAMÉE à toutes les nations.

Marc 13 :10

La tâche principale de l'Église n'est pas de construire des écoles. Cela, c'est le travail du ministère de l'Éducation. La tâche principale de l'Église n'est pas d'ouvrir des hôpitaux. Cela, c'est le travail du ministère de la Santé. La tâche centrale de l'Église, ce n'est pas de construire des orphelinats. Ce sont toutes de bonnes choses et je crois en elles toutes. Mais aucune d'entre elles ne constitue la raison principale pour laquelle Dieu a suscité l'Église.

Combien d'églises se sont dégradées pour devenir des clubs sociaux et des groupes politiques ? Certains pourraient penser que je suis contre le fait que les églises construisent des hôpitaux et des écoles. Vous vous trompez ! C'est une bonne chose que les églises construisent des écoles et des hôpitaux. Je fréquentait une école primaire catholique. Les églises administrent les meilleures écoles et les meilleurs hôpitaux du Ghana. Ce que je dis, c'est que ce n'est pas *la tâche principale* que l'Église est censée faire. Ce n'est pas notre tâche principale. C'est peut-être seulement la deuxième ou la troisième fonction de l'Église.

Chaque institution doit savoir ce qu'est son rôle principal ! Seriez-vous heureux, si vous envoyiez votre enfant à l'école et que la toute première chose qu'il faisait serait d'assister à une longue réunion de prière, tous les jours, sans jamais rien apprendre ? Non, bien évidemment ! L'école est censée apporter une instruction à l'enfant et non à organiser des réunions de prière qui durent toute la journée. Il n'y a rien de mal pour l'école à organiser une réunion hebdomadaire ou un temps de prière quotidien. C'est tout à fait différent. Mais chaque institution a son rôle premier. **Quand vous accordez un rôle secondaire à la fonction première, l'institution sombre dans la confusion et ne remplit plus sa fonction.**

Il y a des moments où les pasteurs subissent la pression du gouvernement ou de la société qui veulent les voir changer leurs priorités. On entend parfois des représentants du gouvernement dire des choses du genre : « Nous conseillons à l'Église de s'impliquer un peu plus dans *l'œuvre sociale* plutôt que de prier tous les jours. » On entend des dignitaires lancer des appels à l'Église et dire : « Nous en appelons à l'Église pour qu'elle étende l'électricité à cette ville, afin qu'on ressente fortement sa contribution. Si l'Église peut creuser quelques trous de sonde pour ce village, son apport dans la société sera apprécié. »

Cher ami, creuser des trous de sonde et fournir de l'eau à la communauté n'est pas ce qui mettra l'Église en phase avec la société ! Ce n'est pas notre rôle premier. La tête de l'Église, Jésus-Christ, nous a donné des instructions claires : ALLEZ DANS LE MONDE ENTIER ET PRÊCHEZ !

Prêcher et enseigner, voilà la tâche première des églises et des pasteurs. Prêcher et enseigner l'Évangile, voilà ce qui met l'Église en phase avec la société. Je souhaite bien faire comprendre cela à chaque homme ou femme politique qui veut tout faire pour que l'Église soit « en phase ».

C'est parce que nous avons l'envie de gagner des âmes que les gens ont commencé à nous voir comme une sorte d'institution sociale, qui pourvoit aux besoins d'ordre social. Quand nous prêchons et enseignons, les gens sont sauvés et leurs vies également. Voilà la meilleure contribution que nous puissions apporter à la société !

35. Vous devez être un gagneur d'âmes parce que cette activité engendre des convertis qui apportent des changements notoires au sein de la société.

Moi qui étais auparavant un blasphémateur, un persécuteur, un insolent. J'ai cependant été traité avec compassion, parce que j'agissais dans l'ignorance, par manque de foi.

Et la grâce de notre Seigneur a surabondé, avec la foi et l'amour qui est en Jésus-Christ.

C'est une parole certaine et digne d'être pleinement accueillie : Jésus-Christ est venu dans le monde pour sauver les pécheurs ; je suis, moi, le premier d'entre eux.

1 Timothée 1 :13-15

L'apôtre Paul est le meilleur exemple d'une personne dont la conversion a entraîné des changements majeurs dans le monde.

Quel est le plus grand cancre qui a détruit la plupart des pays africains ? N'est- ce pas la corruption ? Le Ghana est rempli de richesses, mais la plupart de nos compatriotes sont pauvres. La corruption a laissé sa marque sur les masses. La situation est tellement mauvaise que des cargaisons entières de cacao peuvent disparaître en haute mer. Comment est-ce possible ?

Il est une forme moderne de corruption qui passe par l'inflation des sommes stipulées dans les contrats, et qui a fait surface au Ghana. Des projets qui auraient dû coûter seize millions de dollars finissent par en coûter à notre pays vingt-quatre millions.

Où passent donc les huit millions de dollars qui font la différence ? Directement dans des poches privées ! Les contrats sont ainsi gonflés tous les jours, et le pays perd des millions de dollars qui s'en vont dans les poches de vampires.

Quand les gens sont nés de nouveau et reçoivent l'enseignement de la Parole de Dieu, ils refusent d'être impliqués dans la corruption et les autres actions mauvaises. Voilà l'un des domaines dans lesquels les chrétiens sont en phase avec la société. La prédication de la justice par l'Église limite considérablement la corruption dans le pays.

L'Afrique n'est-elle pas le champ de bataille de nombreuses guerres civiles et de nombreux conflits ? L'Évangile n'est-il pas l'Évangile de paix ? À mesure que les gens entendent la Parole de Dieu, ne choisissent-ils pas la paix plutôt que la guerre ?

J'ai, dans mon église, plusieurs anciens étudiants radicaux. Ces gens étaient autrefois enflammés par la politique, ils luttaient contre l'autorité pour toutes les causes frivoles et contrariantes qu'ils pouvaient trouver. Aujourd'hui, ce sont des citoyens pacifiques et nés de nouveau qui servent et édifient leur nation.

L'Église n'a nullement besoin de quitter ses tâches principales. Cher chrétien, n'oublions jamais que nous nous tenons au milieu des champs de la moisson – qui sont blancs et mûrs, prêts pour la récolte. Je respecte beaucoup les pasteurs qui sont restés fidèles à leur appel original. J'ai écouté récemment un évangéliste, à la télévision. Cet homme a déjà conduit plusieurs croisades dans le monde. Je l'ai écouté parler de la moisson et j'en ai été particulièrement enthousiasmé !

Je me suis dit à moi-même : « Dieu merci, cet homme est resté fidèle à l'appel original. »

J'ai une vision

J'ai une vision : gagner les perdus, à n'importe quel prix. C'est une vision qui brûle dans mon esprit. Je veux voir des gens sauvés. Je ne crois pas que la réponse aux besoins de l'humanité puisse se trouver dans une solution politique, quelle qu'elle soit. La colonisation et l'indépendance ne peuvent pas plus nous aider. La démocratie, le « nettoyage de la maison » ou les révolutions ne constituent pas la réponse aux problèmes de l'Afrique ou du monde.

Quelqu'un m'a demandé si je ne voulais pas aider les gens avec mon métier de médecin. Je lui a répondu : « Je veux certes aider les gens, mais je sais pertinemment que je peux mieux les aider en leur donnant l'Évangile. »

Si vous donnez à un homme des comprimés de quinine et que vous lui sauvez la vie, qu'avez-vous vraiment fait ? Vous avez prolongé sa vie sur cette terre de quelques jours. Mais qu'en est-il de l'éternité ? Quand il se tiendra devant le Dieu Tout-Puissant, le message du salut sera bien plus utile que quatre comprimés de chloroquine.

J'aide beaucoup plus les gens en leur prêchant l'Évangile qu'en pratiquant la médecine. C'est la vérité ; c'est une réalité.

Cher ami, j'ai une vision : implanter des églises partout où je peux trouver des gens. Je veux gagner les perdus à tout prix. J'ai une vision : former le plus grand nombre possible de prédicateurs. Je veux que les hommes et les femmes portent autant de fruit qu'ils le peuvent. Je rêve que Dieu m'utilise pour participer à sa moisson.

Dieu merci pour les médecins, les enseignants et les hommes politiques. Qu'ils se concentrent sur leur tâche et moi, je me concentrerai sur la mienne. J'en appelle à mes collègues prédicateurs de l'Évangile. J'attire leur attention sur les champs de la moisson qui sont mûrs et attendent les ouvriers !

36. **Nous devons être des gagneurs d'âmes afin que les perdus profitent du grand trésor du salut.**

   a. La plupart des gens n'acquièrent des trésors que sur la terre. C'est de la folie.

Enjoins à ceux qui sont riches dans le monde présent de ne pas être orgueilleux et de ne pas mettre leur espérance dans des richesses incertaines, mais en Dieu qui nous donne tout largement, pour que nous en jouissions.

1 Timothée 6 :17

Il leur dit une parabole : La terre d'un homme riche avait beaucoup rapporté.

Il raisonnait, se disant : Que vais-je faire ? Car je n'ai pas assez de place pour recueillir mes récoltes. Voici, dit-il, ce que je vais faire : je vais démolir mes granges,

J'en construirai de plus grandes, j'y recueillerai tout mon blé et mes biens, et alors je pourrai me dire : « Tu as beaucoup de biens en réserve, pour de nombreuses années ; repose-toi, mange, bois et fais la fête. »

Mais Dieu lui dit : Homme déraisonnable, cette nuit même ta vie te sera redemandée ! Et ce que tu as préparé, à qui cela ira-t-il ?

Ainsi en est-il de celui qui amasse des trésors pour lui-même et qui n'est pas riche pour Dieu.

Luc 12 :16-21

b. On trouve des trésors éternels au ciel.

Amassez-vous plutôt des trésors dans le ciel, là où ni vers ni rouille ne détruisent et où les voleurs ne fracturent ni ne volent. Car là où est ton trésor, là aussi sera ton cœur.

Matthieu 6 :20-21

c. Les trésors spirituels du ciel sont cachés. Le Ciel est caché. Le sang de Jésus est caché. La vie abondante est cachée. Ils ne sont pas visibles à ceux qui cherchent de manière désinvolte.

d. Vous devez tout abandonner pour acquérir le trésor du royaume.

Voici à quoi le règne des cieux est semblable : un trésor caché dans un champ ; l'homme qui l'a trouvé le cache et, dans sa joie, il va vendre tout ce qu'il a pour acheter ce champ-là.

Matthieu 13 :44

e. Dieu supplie tout le monde de payer le prix pour acquérir ce grand trésor spirituel.

Acquiers la vérité et ne la vends pas – la sagesse, l'instruction et l'intelligence.

Proverbes 23 :23

Holà ! Vous tous qui avez soif ! Venez vers l'eau, même celui qui n'a pas d'argent ! Venez, achetez et mangez, venez, achetez du vin et du lait, sans argent, sans rien payer.

Ésaïe 55 :1

f. Dieu vous offre les trésors de sa compassion, de son sang et de son pardon.

En lui, nous avons la rédemption par son sang, le pardon des fautes selon la richesse de sa grâce.

Éphésiens 1 :7

Ou bien méprises-tu la richesse de sa bonté, de sa tolérance et de sa patience, faute de reconnaître que la bonté de Dieu doit te conduire à un changement radical ?

Romains 2 :4

g. Dieu vous offre le trésor de la vie éternelle et abondante.

À moi, le moindre de tous les saints, cette grâce a été accordée d'annoncer aux non-Juifs, comme une bonne nouvelle, la richesse insondable du Christ.

Éphésiens 3 :8

h. Dieu vous offre les trésors du ciel.

Il y a beaucoup de demeures dans la maison de mon Père. Sinon, vous aurais-je dit que je vais vous préparer une place ?

Si donc je m'en vais vous préparer une place, je reviens vous prendre auprès de moi, pour que là où, moi, je suis, vous soyez, vous aussi. Et là où, moi, je vais, vous en savez le chemin.

Jean 14 :2-4

i. Payez aujourd'hui le prix et recevez la richesse de Christ et le salut.

En fait, je considère tout comme une perte à cause de la supériorité de la connaissance de Jésus-Christ, mon

Seigneur. À cause de lui, j'ai accepté de tout perdre, et je considère tout comme des ordures, afin de gagner le Christ.

Philippiens 3 :8

37. **Vous devez être un gagneur d'âmes afin de devenir l'une des étoiles qui brilleront éternellement.**

Ceux qui auront eu du discernement brilleront comme brille la voûte céleste – ceux qui auront amené la multitude à la justice, COMME DES ÉTOILES, POUR TOUJOURS, à jamais.

Daniel 12 :3

Dieu a promis, dans sa Parole, que ceux qui gagneront des âmes et ceux qui conduiront de nombreuses vies vers Christ jouiront au ciel d'un statut permanent de stars.

La gloire que connaissent les stars du cinéma et les pop stars de ce monde est éphémère. Certaines de ces stars ont été si célèbres que tout le monde les connaît. Cependant, quelques années passent, et tout le monde les a oubliées. Leurs noms ne sont plus même mentionnés. Elles ne sont même plus considérées comme des stars.

Dieu a promis à tous les gagneurs d'âmes qu'ils seraient des stars pour toujours. Dieu merci, votre statut céleste de star ne sera pas éphémère.

Il y a encore d'autres récompenses spéciales qui sont énumérées et qui concernent ceux et celles qui ont vécu et travaillé pour Jésus :

38. **Vous devez être des gagneurs d'âmes afin que vous soyez invités à dîner auprès de l'arbre de vie.**

Que celui qui a des oreilles entende ce que l'Esprit dit aux Églises ! Au vainqueur, je donnerai DE MANGER DE L'ARBRE DE LA VIE qui est dans le paradis de Dieu.

Apocalypse 2 :7

Une occasion particulière se prépare, où un dîner sera servi au pied de l'arbre de vie. Certains d'entre nous seront invités. Avez-vous le souvenir d'un événement important auquel vous n'avez pas été invité ? Quelle tristesse vous avez ressenti alors ! Faites en sorte d'être invités au dîner qui aura lieu auprès de l'arbre de vie.

Ces choses ont tout l'aspect de récompenses sans valeur. Un jour, que vous les auriez ou non aura son importance. Toute personne qui triomphe dans le ministère recevra cette invitation spéciale.

39. Vous devez être un gagneur d'âmes afin d'être invité dans la famille royale du ciel.

...Sois fidèle jusqu'à la mort, et je te donnerai LA COURONNE de la vie.

Apocalypse 2 :10

Une couronne sépare la royauté des roturiers ! Si vous pensez qu'il y a des classes sur la terre, préparez-vous bien pour le ciel. Si vous pensez que les différences qui séparent les familles royales du monde, de nous les autres – les roturiers – sont trop grandes, alors préparez-vous !

Heureusement, vous et moi, nous avons la chance de posséder une couronne et de faire partie de la royauté, au ciel. Vous aurez ainsi la chance de faire partie de la famille royale, là-haut.

Les missionnaires qui auront été fidèles jusqu'à la mort peuvent s'attendre à entrer dans la famille royale du ciel.

40. Vous devez être des gagneurs d'âmes afin de pouvoir échapper aux conséquences néfastes de la seconde mort.

Que celui qui a des oreilles entende ce que l'Esprit dit aux Églises ! Le vainqueur N'A RIEN À CRAINDRE de la seconde mort.

Apocalypse 2 :11

Il semble que certaines personnes auront à souffrir de l'événement que la Bible appelle la « seconde mort. » En d'autres termes, ils subiront les conséquences néfastes de cette expérience. La Bible nous apprend que certaines personnes seront sauvées comme à travers le feu.

Si l'œuvre de quelqu'un est brûlée, il en subira la perte ; lui, certes, il sera sauvé, MAIS COMME AU TRAVERS DU FEU.

1 Corinthiens 3 :15

Être sauvé au travers du feu signifie être brûlé tout en permettant la survie de l'individu. *Bien que vous soyez sauvé, vous perdez tout ce que vous possédez, tous vos biens personnels.* Quiconque remporte la victoire reçoit cette grande promesse. Vous ne souffrirez pas et ne subirez aucun dommage dû au processus de la seconde mort. J'espère que vous voyez les avantages qui s'empilent lorsque vous triomphez dans le ministère.

41. Vous devez être des gagneurs d'âmes afin de pouvoir apprécier la manne cachée.

…Au vainqueur, je donnerai DE LA MANNE CACHÉE…

Apocalypse 2 :17

Qu'est-ce que la manne cachée ? Quelle utilité cette manne cachée revêt-elle dans ma vie ? Cher ami, vous ne connaissez pas ce qui se rapporte au ciel. Il se peut que ceux qui recevront cette manne cachée auront droit à de grands avantages au ciel.

Si vous êtes un enfant, vous ne connaissez pas la signification de certaines choses. Vous ne connaissez pas l'importance qu'il y a à être un citoyen de votre pays. Cela ne signifie rien pour vous, en tant qu'enfant, mais si vous êtes un adulte, vous appréciez certainement d'être citoyen de votre pays. Il se peut que cette manne cachée soit tout simplement un objet d'une grande importance que vous découvrirez une fois arrivé au ciel.

42. Vous devez être un gagneur d'âmes afin de recevoir un caillou blanc.

...et UN CAILLOU BLANC ; sur ce caillou est écrit un nom nouveau que personne ne connaît, sinon celui qui le reçoit.

Apocalypse 2 :17

Qu'est ce caillou blanc et que peut-il m'apporter ? Une fois de plus, nous découvrirons probablement sa valeur quand nous arriverons au ciel. Je peux imaginer pourquoi vous ne comprenez pas grand-chose à ce caillou blanc. Après tout, qu'est-ce qu'un caillou, sur terre ? Cependant, laissez-moi vous dire qu'il s'agit peut-être d'une chose à laquelle tout le monde aspire dans le ciel. Ne soyez pas jaloux si j'ai un caillou blanc et vous non !

43. Devenez des gagneurs d'âmes afin de recevoir le pouvoir sur des nations.

Au vainqueur, à celui qui garde mes œuvres jusqu'à la fin, je donnerai POUVOIR SUR LES NATIONS.

Apocalypse 2 :26

Je suis heureux de vous annoncer que des offres d'emploi comme dirigeants de divers pays du monde seront proposées à ceux qui accomplissent l'œuvre du Seigneur. Il se peut que vous soyez président du Mexique. Ou peut-être des îles Fidji. Vous vous assiérez peut-être sur un trône pour y jouir d'un incroyable statut.

J'ai été très surpris quand j'ai lu le livre de Rick Joyner « *L'ultime assaut* ». Toutes sortes de gens étaient assis sur des trônes glorieux. Il a décrit la manière dont le plus humble de ces trônes était plus élevé que n'importe quel trône terrestre. Les gens y régnaient sur des villes de la terre et d'autres régnaient sur les affaires célestes. D'autres encore régnaient sur les affaires relatives à la création physique, comme les étoiles et les galaxies. D'un seul coup, ces petits textes de l'Écriture devenaient réa- lité ! Ne manquons pas nos trônes. Gagnez-les perdus à n'importe quel coût et vous serez nommés à des postes de responsabilité sur des nations !

44. Vous devez être un gagneur d'âmes afin de recevoir l'étoile du matin.

Au vainqueur, à celui qui garde mes œuvres jusqu'à la fin… je lui donnerai L'ÉTOILE DU MATIN.

Apocalypse 2 :26-28

Cette étoile du matin est l'une des récompenses que nous ne comprendrons qu'au ciel. Ce que l'étoile du matin vous apportera, personne ne le sait. Je vous certifie, cependant, que lorsque vous arriverez au ciel, vous serez très heureux d'avoir une étoile du matin.

45. Vous devez être un gagneur d'âmes afin de pouvoir achever toutes les œuvres bonnes que Dieu a préparées d'avance, afin que nous nous y adonnions.

Car nous sommes son ouvrage, nous avons été créés en Jésus-Christ pour des œuvres bonnes que Dieu a préparées d'avance, afin que nous nous y adonnions.

Éphésiens 2 :10

Rappelez-vous l'histoire de *Jim Sepulveda* qui est mort sur la table d'opération et a été recouvert d'un drap. Il est revenu à la vie au bout de huit minutes. Il lui a été demandé de revenir sur terre pour terminer son œuvre :

Jim Sepulveda, originaire des États-Unis, a voyagé à travers le monde pour raconter son témoignage et prêcher. En mars 1994, Dieu a décrété que son temps était terminé, et à l'âge de 54 ans, il est mort au Canada sur le chemin du retour, après une tournée de prédication.

« C'était une de ces opérations qu'ils pratiquent sans anesthésie générale, si bien que j'étais réveillé pendant qu'ils opéraient. Tout semblait bien se passer. Ils avaient accompli le dernier acte quand j'ai soudain ressenti comme une terrible brûlure en plein cœur. Cette douleur a irradié mes épaules, ma poitrine, puis sur le côté. Comme je commençais à perdre conscience, je pouvais me rendre compte que les médecins appuyaient sur ma poitrine.

'Jésus, si c'est l'heure pour moi de rentrer à la maison, je suis prêt,' ai-je pensé. 'Je t'aime.' J'étais submergé par une paix complète et je n'avais absolument pas peur de mourir. Une ombre sombre est descendue sur moi, et j'ai pu entendre comme des voix dans le lointain, qui me parvenaient comme en écho, comme dans un tunnel : 'Nous sommes en train de le perdre... nous le perdons... nous le perdons…' J'ai ouvert les yeux et je me suis retrouvé dans un champ, entouré par des hectares d'herbe verte. Chaque brin d'herbe rayonnait comme si un petit projecteur l'éclairait par derrière. Sur ma droite, s'étendait un immense champ éblouissant de fleurs magnifiques, avec des couleurs que je n'avais jamais vues auparavant. Au-dessus de moi, la voûte céleste infinie était d'un bleu pur et profond. L'air qui m'entourait était pénétré d'amour.

J'ai gravi une colline, à quelque distance de là, puis je me suis arrêté au pied d'un gros arbre. Une lumière a commencé à apparaître près de l'arbre. L'aura aveuglante était trop brillante pour qu'on la regarde en face. J'ai plissé les yeux et regardé vers le sol, et j'ai alors aperçu une paire de sandales qui commençaient à apparaître sur le bord inférieur de la lumière. J'ai levé les yeux doucement , et j'ai aperçu le bord d'une robe blanche sans couture. Au-dessus, j'apercevais la forme d'un corps humain. Autour de sa tête, brillait une lumière encore plus intense, qui m'empêchait de voir directement son visage. Bien qu'incapable de voir clairement à cause de l'éclat éblouissant, je sus immédiatement l'identité de cet homme. Je me trouvais tout simplement dans la présence de Jésus-Christ.

'Jim, je t'aime.' Sa voix me lava littéralement, avec une douceur, une tendresse et une paix indescriptible. 'Mais ce n'est pas encore l'heure. ***Tu dois retourner, car tu as encore de nombreuses œuvres à accomplir pour moi.'*** J'étais comme émerveillé, incapable de faire entendre le moindre son. Au dedans de moi, je protestais, car je ne voulais pas retourner, je préférais rester là, à côté de lui. Avec l'esquisse d'un léger rire, il me parla de nouveau, et me dit : 'Jim, je t'aime, mais ce n'est pas encore ton heure.' Puis l'éclat brillant qui l'entourait s'approcha de moi et me pénétra, me plongeant dans une sensation d'amour et de paix. Je ne sais combien de temps je restai comme cloué sur place, mais à la fin, je me retournai et commençai à gravir la colline. Puis un nuage bleu de lumière commença à m'entourer comme une sorte de brouillard. Le nuage se transforma en une ombre obscure, et tout devint noir.

Soudain, j'ouvris les yeux et réalisai que j'étais couché sur la table d'opération, recouvert d'un drap. Je ne sus que plus tard que j'avais été déclaré cliniquement mort pendant huit minutes. Tous les membres du personnel avaient quitté la salle d'opération, à l'exception du chirurgien chef et de l'un de ses assistants. *Ils se trouvaient au fond de la pièce, remplissant le rapport concernant mon décès.* Au bout de quelques secondes, je m'assis. Le drap glissa et tomba sur mes genoux, et j'aperçus les deux hommes de l'autre côté de la pièce, le dos tourné.

'Messieurs,' dis-je, 'je suis prêt pour la suite, si vous le voulez !' Ils se retournèrent et me regardèrent, le visage blême. 'Appelle vite les autres', dit le chirurgien chef à son assistant.

Ils me firent passer une série de tests. De bonne heure, le lendemain matin, le chirurgien entra dans ma chambre et m'annonça qu'il m'autorisait à quitter l'hôpital. 'Revenez ce soir à vingt heures trente dans mon bureau,' me dit-il, 'et nous regarderons les résultats de tous vos nouveaux tests.'

Ce soir-là, j'expliquai à mon médecin ce que j'avais expérimenté pendant ces huit minutes, à savoir que 'j'étais mort' sur la table d'opération. 'Jim,' dit-il après que j'en eus fini, 'je vais vous montrer une chose que vous aurez du mal à croire.' Nous avons alors regardé ensemble les nouveaux clichés de mon cœur. Au lieu d'être gonflé, il avait maintenant repris sa taille normale. Alors que deux artères étaient bloquées à 85 pour cent, il n'y avait maintenant plus d'artériosclérose et la valve principale fonctionnait normalement.

'Nous vous avons fait passer test après test, Jim !' Il m'a regardé et m'a fait un clin d'œil. 'Cela est entre nous…' J'ai vu une larme se former dans le coin de son œil, mais il avait le sourire. 'D'après cette image, ce Jésus dont vous avez parlé a soit remplacé soit réparé votre cœur.' »

46. Vous devez être un gagneur d'âmes afin de pouvoir porter des vêtements taillés au ciel.

Ainsi le vainqueur sera habillé de VÊTEMENTS BLANCS…

Apocalypse 3 :5

Les gens particuliers qui vaincront dans l'exercice de leur ministère seront revêtus de vêtements spéciaux.

Lors de la cérémonie de remise des diplômes, dans la plupart des universités, les robes qui sont portées ont une signification particulière. Elles représentent vos performances et elles indiquent votre rang dans le monde académique.

Par exemple, trois barres sur la manche de la robe indiquent souvent que la personne a un doctorat. Quand ils évolueront au ciel, ceux qui porteront ces vêtements spéciaux seront reconnaissables, dans les rangs célestes, à leurs performances accomplies sur terre. Remarquez, ces vêtements ne sont pas donnés à n'importe qui, mais uniquement au « vainqueur ». Gagnez les perdus à n'importe quel prix !

47. Vous devez être un gagneur d'âmes afin de pourvoir recevoir la recommandation divine.

Le vainqueur... JE RECONNAÎTRAI SON NOM devant mon Père et devant ses anges.

Apocalypse 3 :5

À votre arrivée au ciel, il se peut que vous receviez – ou non – une recommandation particulière de Jésus auprès de Dieu. Dans l'armée, par exemple, lorsqu'une guerre se termine, vous pouvez être recommandé par votre officier supérieur. Si vous êtes recommandé au gouvernement pour votre courage, vous recevez des récompenses sous forme de médailles militaires ou autres distinctions.

Cher ami, des recommandations seront faites, à l'issue de la dernière bataille. Votre officier supérieur aura-t-il de quoi vous recommander ? Ma prière est qu'il en soit ainsi !

Lorsque vous recevrez cette récompense, vous serez conduit auprès du Père, en présence des anges, et vous serez hautement recommandé auprès de lui pour vos bonnes actions. Cela se passera en présence des anges et des armées célestes. Vous pourrez comprendre alors pourquoi vous serez respecté par tout le monde. Si Jésus vous met à part et dit au Père : « C'est un fils particulier qui en a fait plus que la moyenne. Accorde-lui, s'il te plaît, un statut spécial au ciel. » Je vous le dis, mon ami, vous êtes couvert ! Tout le monde ne recevra pas une telle recommandation.

Cher ami chrétien, fixez-vous comme but ces glorieuses récompenses. Gagnez les perdus à n'importe quel prix et vous serez recommandé par Jésus au Père.

48. Vous devez être un gagneur d'âmes afin de recevoir un autographe divin.

Le vainqueur, j'en ferai une colonne dans le sanctuaire de mon Dieu, et il n'en sortira jamais plus. J'écrirai sur lui le nom de mon Dieu et le nom de la ville de mon Dieu, la Jérusalem nouvelle… AINSI QUE MON NOM NOUVEAU.

Apocalypse 3 :12

Cher ami, les gens « achètent » des noms tout le temps. Le nom ou la franchise MacDonald sont acquis contre une grosse somme d'argent. Les polos, les T-shirts, les ceintures et les chaussures portent des noms qui poussent les gens à les acheter. Il n'est pas étrange que l'une des récompenses accordées à certains privilégiés sera de pouvoir porter le nom de Dieu.

Votre robe portera peut-être le nom *El'Shaddai*. Vos vêtements griffés porteront peut-être le nom *Élohim*. Votre ceinture portera peut-être le nom *Yahweh Nissi*. Quand les gens reconnaîtront cette signature puissante sur vous, vous serez distingués parmi tous les autres, dans le ciel.

49. Vous devez être un gagneur d'âmes parce que Jésus se tient à la porte du cœur des pécheurs, et il frappe.

Je me tiens à la porte et je frappe. Si quelqu'un m'entend et ouvre la porte, j'entrerai chez lui, je dînerai avec lui et lui avec moi.

Apocalypse 3 :20

50. Vous devez être un gagneur d'âmes afin de pouvoir recevoir des positions célestes.

Le vainqueur, je lui donnerai de s'asseoir avec moi sur mon trône, comme moi-même j'ai été vainqueur et JE ME SUIS ASSIS AVEC MON PÈRE SUR SON TRÔNE.

Apocalypse 3 :21

C'est une promotion vers des hauteurs incroyables qui vous attend si vous accomplissez la volonté de Dieu. D'après la Bible, vous serez élevés à des positions particulièrement hautes. Vous ne saisissez peut-être pas toute la valeur qu'il y a de s'asseoir sur un trône. Après tout, vous ne vous êtes jamais trouvé assis sur un trône, sur cette terre. Vous pensez même peut-être que vous pouvez très bien vous en passer. Ne laissez pas le diable vous tromper. Vous ne devez pas laisser passer cette grande récompense. Vous devez gagner les perdus à n'importe quel prix

51. Vous devez être un gagneur d'âmes afin que Dieu vous accorde sa grâce et sa bénédiction.

Quand vous gagnerez des âmes, Dieu vous bénira parce qu'il veut que son salut soit connu de toutes les nations. Dieu fera briller son visage sur vous parce que vous serez un gagneur d'âmes.

Que Dieu nous accorde sa grâce et qu'il nous bénisse, qu'il fasse briller sur nous sa face ! Pause. – Afin que l'on connaisse ta voie sur la terre, ton salut parmi toutes les nations.

Psaume 67 :2,3

52. Vous devez être un gagneur d'âmes et vaincre le péché de l'ethnocentrisme.

Vous souffrez du péché d'ethnocentrisme quand vous croyez que votre race, votre tribu ou votre nationalité particulière est supérieure aux autres. En Judée, les apôtres souffraient de cela, et ils n'évangélisaient pas ceux qui n'étaient pas juifs.

Les apôtres et les frères qui étaient en Judée apprirent que les non-Juifs aussi avaient accueilli la parole de Dieu. Lorsque Pierre fut monté à Jérusalem, les circoncis le prirent à partie en disant : Tu es entré chez des incirconcis et tu as mangé avec eux ! Alors Pierre se mit à leur présenter cet exposé suivi...

Actes 11 :1-4

53. **Vous devez devenir un gagneur d'âmes pour éviter de commettre l'erreur de pêcher dans une baignoire.**

   a. Pierre pêchait ses âmes dans les rues de Jérusalem.

Beaucoup de signes et de prodiges se produisaient dans le peuple par les mains des apôtres. Ils se tenaient tous, d'un commun accord, au portique de Salomon.

Parmi les autres, personne n'osait se joindre à eux ; mais le peuple les magnifiait. De plus en plus de gens croyaient au Seigneur, une multitude d'hommes et de femmes. On apportait les malades dans les grandes rues et on les plaçait sur des litières et des grabats, pour qu'à la venue de Pierre son ombre au moins puisse couvrir l'un ou l'autre.

La multitude accourait aussi des villes voisines de Jérusalem, portant des malades et des gens perturbés par des esprits impurs ; et tous étaient guéris.

Actes 5 :12-16

   b. Philippe pêchait les âmes dans la ville méprisée de Samarie. Tout gagneur d'âmes expérimenté évitera les champs difficiles et inflexibles.

Philippe, qui était descendu dans la ville de Samarie, y proclama le Christ. Les foules, d'un commun accord, s'attachaient à ce que disait Philippe, en apprenant et en voyant les signes qu'il produisait. Car des esprits impurs sortaient de beaucoup en poussant de grands cris, et beaucoup de paralytiques et d'infirmes furent guéris. Il y eut une grande joie dans cette ville.

Actes 8 :5-8

Ne dites-vous pas, vous, qu'il y a encore quatre mois jusqu'à ce que vienne la moisson ? Eh bien, je vous le dis, levez les yeux et regardez les champs : ILS SONT BLANCS POUR LA MOISSON.

Jean 4 :35

Jésus, le gagneur d'âmes par excellence, a compris ce concept des champs de la moisson qui sont mûrs ou pas encore mûrs. Il a décrit les champs qui sont mûrs comme des champs qui « sont blancs pour la moisson. »

Quand vous vous impliquerez dans la tâche de gagneur d'âmes, vous éviterez très vite de travailler dans des champs qui ne sont pas mûrs. Ceux qui ne sont pas des gagneurs d'âmes vivent confortablement dans des champs qui ne sont pas mûrs, mais le vrai moissonneur recherche toujours les champs qui sont prêts.

c. Paul a pêché des âmes sur l'Aréopage.

Debout au milieu de l'Aréopage, Paul dit : Hommes d'Athènes, je vois que vous êtes à tous égards extrêmement religieux.

Actes 17 :22

d. Paul a pêché des âmes sur l'île de Malte.

Une fois arrivés sains et saufs, nous avons appris que l'île s'appelait Malte. Les barbares nous ont témoigné une humanité extraordinaire ; ils nous ont accueillis près d'un grand feu, qu'ils avaient allumé à cause de la pluie qui s'était mise à tomber et du froid.

Actes 28 :1,2

C'est commettre une erreur que d'essayer de moissonner des champs qui ne sont pas mûrs pour la moisson. Chaque gagneur d'âmes doit savoir que les champs de la moisson divine sont mûrs à des moments différents. Les portes qui donnent accès à certaines régions sont ouvertes par Dieu pour une saison. Après un certain temps, ces portes se referment.

54. Vous devez être un gagneur d'âmes pour éviter de commettre l'erreur qui consiste à semer sur un terrain dur et pierreux.

Restez dans les champs mûrs. Allez là où les portes sont ouvertes. C'est la raison pour laquelle j'aime prêcher aux jeunes. Tous les ans, j'organise des réunions spéciales dans chacune des universités du Ghana. J'aime particulièrement prêcher dans les classes secondaires. Dans ces classes, je vois ces jeunes répondre d'une réponse positive. Les jeunes constituent mon champ mûr.

Je me souviens d'une discussion que j'ai eue lors d'un mariage, avec un homme qui était âgé de 80 ans. Pendant la cérémonie religieuse, j'avais prêché sur le salut. Cet homme se trouvait dans l'auditoire, et il avait entendu tout ce que j'avais dit.

Il m'appela ensuite, en privé, pendant la réception qui suivit, et me dit : « Je tiens à ce que vous sachiez quelque chose. »

« De quoi s'agit-il, Monsieur ? » lui demandai-je.

Il me répondit : « Je veux que vous sachiez que je ne changerai jamais ! »

« Oh ! » ai-je répondu.

« Je ne naîtrai jamais de nouveau ! »

Il a repris : « J'ai 80 ans, et je ne changerai jamais ! Je veux que vous sachiez que je ne naîtrai jamais de nouveau ! Je suis un traditionaliste, j'appartiens à l'Église anglicane et je ne naîtrai jamais de nouveau ! »

J'étais déconcerté ! Je n'avais jamais entendu quelqu'un parler de la sorte. Cet homme me signifiait qu'il était endurci et résistait à l'Évangile. Beaucoup de gens lui ressemblent. Quand vous leur prêchez, vous n'obtenez que très peu de résultats. Restez plutôt dans les champs mûrs et blancs. Dieu bénira vos efforts d'évangélisation. Les pauvres sont souvent plus réceptifs à l'Évangile que les riches. C'est pourquoi, prêchez davantage aux pauvres qu'aux riches.

Quand vous passez votre temps dans les champs qui ne sont pas mûrs, vous perdez progressivement le courage d'évangéliser. Vous vous rendrez compte que c'est stérile et une perte de temps. Restez dans les champs qui sont mûrs, car c'est Dieu qui vous les a donnés ! Gagnez les perdus à n'importe quel prix !

55. Gagner des âmes a été le PREMIER COMMANDEMENT de Jésus-Christ à nous tous qui sommes ses disciples.

La première chose que Jésus a dite à ses disciples quand il les a rencontrés a été :

...Venez à ma suite, et je vous ferai pêcheurs d'hommes.

Matthieu 4 :19

L'idée principale de Jésus, quand il a appelé Pierre et Jean à quitter leur métier de pêcheur était de faire d'eux des moissonneurs d'âmes.

56. Gagner des âmes a été le DERNIER commandement de Jésus-Christ à nous tous qui sommes ses disciples.

C'est sur une colline solitaire, en compagnie de onze de ses disciples, que Jésus a exprimé son dernier commandement, lourd d'émotion.

Puis il leur dit : ALLEZ DANS LE MONDE ENTIER et proclamez la bonne nouvelle à toute la création.

Marc 16 :15

Quelles ont été les dernières paroles de Jésus ?

Les dernières paroles que prononce un homme sont probablement les plus importantes qu'il ait jamais prononcées. Il y a quelques années, j'ai lu l'histoire d'un avion qui a commencé à avoir des problèmes. Alors qu'il survolait des montagnes, le pilote a informé tous les passagers qu'ils allaient s'écraser ; en fait, l'avion s'est bien écrasé et tous les passages sont morts dans l'accident. Il semble que dix à quinze minutes se soient écoulées avant le crash. La plupart des passagers écrivirent des notes et des messages à leurs bien-aimés pendant qu'ils le pouvaient encore. Je n'oublierai jamais cette scène à la télévision. Je ne pouvais m'empêcher de me demander ce que ces messages et ces notes de dernière minute contenaient. Quiconque sait qu'il va disparaître délivrera probablement un message très important comme dernière parole.

Mais quelles ont été les dernières paroles de Jésus ? Jésus a-t-il dit : « Allez et rendez les gens riches ? » A-t-il dit : « Allez construire des hôpitaux et des écoles ? » A-t-il dit : « Allez et prenez les rênes de la puissance politique ? » Non, il n'a pas dit cela ! Il a dit que l'Église devait aller et prêcher l'Évangile dans autant de pays possibles. Il nous a dit de voyager au loin avec la bonne nouvelle du royaume.

57. Vous devez être un gagneur d'âmes parce que *Oswald J. Smith* a dit : « Personne n'a le droit d'entendre l'Évangile deux fois tant qu'il y aura une seule personne qui ne l'a pas encore entendu une seule fois. »

58. Vous devez être un gagneur d'âmes parce que *Oswald J. Smith* a dit : « Toute église qui n'est pas sérieusement engagée dans l'accomplissement de la Grande Mission d'évangélisation a perdu son droit biblique à l'existence. »

En d'autres termes, ce n'est que lorsqu'elle accomplit son obligation missionnaire que l'église justifie son existence.

59. Vous devez être un gagneur d'âmes parce que *Oswald J. Smith* a dit : « nous parlons du retour de Jésus alors que la moitié du monde n'a toujours pas entendu parler de sa première venue. »

60. Vous devez être un gagneur d'âmes parce que *Keith Green* a dit : « Cette génération de chrétiens est responsable de cette génération d'âmes sur la terre. »

61. Vous devez être un gagneur d'âmes parce que *C.T. Studd* a dit : « Si Jésus-Christ est Dieu et est mort pour moi, aucun sacrifice ne peut alors être trop grand pour que je ne le fasse pas pour lui. »

62. Vous devez être un gagneur d'âmes parce que *Keith Wright* a dit : « Les perdus comptent aux yeux de Dieu, et ils doivent compter à nos yeux. »

63. Vous devez être un gagneur d'âmes parce que, pendant la Grande Dépression de 1929, *J.G. Morrison,* plaidant avec les membres de l'Église du Nazaréen, afin qu'ils soutiennent leurs missionnaires, a dit : « Ne pouvez-vous pas en faire un peu plus ? »

64. Vous devez être un gagneur d'âmes parce que *David Livingstone* a dit : « La sympathie ne remplace pas l'action. »

65. Vous devez être un gagneur d'âmes parce que *David Livingstone*, missionnaire en Afrique, a dit : « Si un mandat confié par un roi terrestre est un honneur, comment peut-on considérer un mandat confié par un roi céleste comme un sacrifice ? »

66. Vous devez être un gagneur d'âmes parce qu'il existe encore des milliers d'endroits où aucun gagneur d'âmes n'est jamais allé.

Robert Moffat (qui a inspiré David Livingstone) a dit : « Dans la vaste plaine du nord, il m'est arrivé de voir, dans le soleil du matin, la fumée de mille villages où aucun missionnaire n'était jamais allé. »

67. Vous devez être un gagneur d'âmes parce que, si le Saint-Esprit est en nous, nous devons avoir de grandes visions et de grands rêves pour gagner des âmes pour le Seigneur.

Dans les derniers jours, dit Dieu, je répandrai de mon Esprit sur tous ; vos fils et vos filles parleront en prophètes, vos jeunes gens auront des visions et vos vieillards auront des rêves.

Actes 2 :17

François Xavier, missionnaire aux Indes, a dit : « Dites aux étudiants qu'ils abandonnent leurs petites ambitions et viennent en Orient prêcher l'Évangile de Christ. »

68. Vous devez être un gagneur d'âmes parce que nous devons prendre notre croix et suivre l'exemple de Christ qui est mort en accomplissant la volonté de Dieu.

Alors Jésus dit à ses disciples : Si quelqu'un veut venir à ma suite, qu'il se renie lui-même, qu'il se charge de sa croix et qu'il me suive.

Matthieu 16 :24

Quand *James Calvert* est parti comme missionnaire chez les cannibales des îles Fidji, le capitaine du bateau a essayé de lui faire faire demi-tour : « Vous perdrez votre vie ainsi que celles de ceux qui vous accompagnent si vous allez voir ces sau- vages. » À cela, Calvert répondit : « Nous sommes morts avant de venir ici. »

69. Vous devez être un gagneur d'âmes parce que *John Keith Falconer* a dit : « Je n'ai qu'une chandelle de vie à brûler et je préférerais la brûler dans un pays rempli de ténèbres que dans un pays inondé de lumière. »

70. Vous devez être un gagneur d'âmes parce que *William Carey* (le père des missions modernes) a dit : « Attendez de grandes choses de la part de Dieu, entreprenez de grandes choses pour Dieu. »

71. Vous devez être un gagneur d'âmes parce que *Henry Martyn*, lui-même missionnaire aux Indes et en Perse, a dit : « L'Esprit de Christ est l'Esprit des missions. Plus nous nous approchons de lui, plus nous devenons intensément missionnaires. »

72. Vous devez être un gagneur d'âmes parce que *Hudson Taylor*, missionnaire en Chine, a dit : « La Grande Mission d'évangélisation n'est pas une option à considérer. C'est un commandement auquel il faut obéir. »

73. Vous devez être un gagneur d'âmes parce que *Dave Davidson* a dit : « Si vous trouviez un traitement contre le cancer, serait-il concevable de le cacher au reste de l'humanité ? Combien plus inconcevable cela serait-il de cacher le traitement du salaire éternel qu'est la mort. »

En présence de la bonne nouvelle, les lépreux ne gardèrent pas le silence et ne la cachèrent pas au reste de ceux qui avaient faim. Nous ne devons pas garder le silence et la cacher au reste du monde.

Ils se levèrent et s'enfuirent au crépuscule, abandonnant leurs tentes, leurs chevaux et leurs ânes, le camp tel qu'il était ; ils s'enfuirent pour sauver leur vie. Les « lépreux », arrivés à la limite du camp, pénétrèrent dans une tente, mangèrent et burent. Ils emportèrent de l'argent, de l'or et des vêtements qu'ils allèrent cacher. Ils revinrent, pénétrèrent dans une autre tente et emportèrent d'autres objets qu'ils allèrent cacher. Puis ils se dirent l'un à   l'autre : NOUS N'AGISSONS PAS COMME IL FAUT. CE JOUR EST UN JOUR DE BONNE NOUVELLE ; SI NOUS NOUS TAISONS et si nous attendons jusqu'à l'aube, le châtiment nous atteindra. Venez maintenant, allons faire un rapport à la maison du roi.

2 Rois 7 :7-9

74. Vous devez être un gagneur d'âmes parce que *Dave Davidson* a dit : « Pendant notre vie, ne serait-il pas triste que nous passions plus de temps à laver la vaisselle, à chasser les mouches, à tondre la pelouse ou à regarder la télévision qu'à prier pour la mission dans le monde ? »

75. Vous devez être un gagneur d'âmes parce que Dieu ne souhaite pas que quelqu'un se perde en enfer.

Le Seigneur ne retarde pas l'accomplissement de la promesse, comme quelques-uns le pensent. Il est patient envers vous IL NE SOUHAITE PAS QUE QUELQU'UN SE PERDE, mais que tous accèdent à un changement radical.

2 Pierre 3 :9

Car Dieu a tant aimé le monde qu'il a donné son Fils unique, pour que quiconque met sa foi en lui NE SE PERDE PAS, mais ait la vie éternelle.

Jean 3:16

L'histoire du pasteur *Ron Reagan* et l'expérience qu'il a faite quand il a vu ses frères brûler en enfer est un rappel effrayant de la manière dont les perdus périssent en enfer :

« Un jour, j'ai décidé d'emmener mon petit garçon, Ronnie Paul, dans une ville appelée Pigeon Ford, où se trouvait un petit marché. Comme je franchissais la porte d'entrée du marché, un homme en sortait. Il ne voulait pas se ranger, et moi non plus. La haine et la violence montèrent en moi et je donnai un coup de tête dans la porte. L'homme s'écroula sur une pile de bouteilles qui explosèrent et se répandirent en morceaux dans tout le magasin.

Les clients se mirent à crier et à courir dans tous les sens, mais l'homme se saisit d'un morceau de verre brisé et vint devant moi, en l'agitant devant mon visage. Je levai mon bras gauche pour essayer d'arrêter le coup, mais il me sectionna tous les ligaments, les tendons et l'artère du bras. Dans un accès de rage, je le frappai de nouveau et lui donnai un coup de pied, mais cette fois, il réagit avec son tesson de bouteille et me sectionna le talon d'Achille et les artères de la jambe. En quelques minutes, le sang coulait à flot et sortait de mon corps comme d'un trou béant.

À chacun des battements de mon cœur, le sang giclait et très vite, je m'affaiblissais de plus en plus. L'homme qui gérait le marché me dit qu'à moins que je n'aille de suite à l'hôpital, je risquais de mourir. Il m'installa donc sur le siège du passager de ma voiture, se mit au volant, tandis que mon jeune fils qui avait tout vu ne cessait de crier – en proie à une véritable hystérie. Quand nous sommes arrivés à l'hôpital, le sol devant mon siège était recouvert de sang et mes pieds pataugeaient dedans. J'entendais des voix, mais je n'étais plus capable d'ouvrir les yeux, parce que toutes mes forces m'avaient quitté. Pendant qu'ils m'emmenaient aux urgences, je pouvais entendre les médecins et les infirmières qui disaient : « Il va falloir faire une opération très importante. Il faut le transférer à l'hôpital de Knoxville. » Ils m'installèrent alors dans l'ambulance et me préparèrent pour le transfert à Knoxville.

Quelqu'un avait prévenu Elaine. Elle se précipita à l'hôpital et monta dans l'ambulance avec moi, et nous partîmes. Un jeune homme, qui devait avoir 21 ou 22 ans, un auxiliaire médical, me regarda dans les yeux et me dit : « Monsieur, connaissez-vous Jésus-Christ ? » Je le maudis et je maudis Dieu, avec le peu de force qui me restait dans le corps. « Dieu n'existe pas. Qui est ce Jésus dont vous me parlez ? Regardez-moi. Vous croyez que Dieu existe ? »

Le jeune homme me regarda simplement et me dit : « Jésus vous aime, et il va vous aider. Appelez-le. » Quelque chose, à l'intérieur de moi, me fit écumer, cracher et crier : « Dieu, si vraiment tu existes, aide-moi. Moi, je n'en peux plus. Aide-moi, s'il te plaît ! » Le jeune homme continua et me dit : « Jésus est mort pour vous, il a donné sa vie pour vous. » J'écoutais pendant tout ce temps, et je pouvais entendre ma femme qui sanglotait.

La fumée envahit l'ambulance. Je ne pouvais respirer, je ne pouvais voir. Je pensais que l'ambulance était en feu ! « Qu'est-ce qui ne vas pas ? » **Je criais : « Je ne vois rien »**. Puis, à travers la fumée, je commençais à entendre des voix différentes... « Rasoir Reagan. Ronnie ! **Fais demi-tour, ne viens pas ici. Retourne, arrête-toi. Ne viens pas ici !** » Pendant que j'entendais toutes ces paroles, la fumée monta et je pus apercevoir ce qui ressemblait à la vieille carrière où nous avions l'habitude de nager quand j'étais enfant. En fait, cela ressemblait exactement à ce qui arriva le soir où nous avions répandu de l'essence et que nous avions mis le feu à l'eau. Cela brûlait et étincelait, et je m'approchais de la fosse. Je pouvais apercevoir des gens à l'intérieur, et ils brûlaient. Leurs bras, leurs visages, leurs corps étaient étincelants et le feu ne s'éloignait pas. Et tous criaient mon nom !

Je m'approchai encore plus près, et je pus apercevoir ces personnes, mais je ne comprenais pas vraiment ce que je voyais. **J'en voyais deux qui se tenaient ensemble et je les reconnus. C'était Billy et Freddy, mes deux frères. Ils brûlaient et criaient. « Mais qu'est-ce que vous faites ici ? Leur criai-je. Vous êtes morts sur l'autoroute, dans votre Chevrolet de 1957, vous étiez ivres ce jour-là, et vous avez heurté un mur de béton, à 160 kilomètres à l'heure. Que faites-vous ici ? »** Ils me répondirent : « **Ne viens pas ici, il n'y a pas de porte de sortie, c'est horrible. Ne viens surtout pas ici !! »**

Je regardai sur le côté. **« Oh, non ! Charles ! Charles, mais qu'est-ce que tu fais ici ? »** La dernière fois que je t'ai vu, c'était au bord de la rivière, le Pigeon. Nous n'arrivions pas à te dégager de la voiture parce que nous étions tous ivres. Quand tu es tombé dans la rivière, nous n'avons pas réussi à t'en sortir ! Nous avons vu ton visage, tu nous regardais, dans l'eau, mais nous n'avons pas réussi à te sauver ! »

« Va-t-en, me dit-il, ne viens pas ici. »

Je regardai et aperçus des hippies qui se tenaient contre le mur, comme je les avais vus dans les années 1960, l'air hébété. Des hippies emportés. L'âge du verseau ! Et j'en ai vu tellement qui sont morts d'overdoses. Puis je vis mon ami Richard. **« Mon pauvre Richard, je ne peux rien pour toi.** Quand nous avions volé dans le magasin d'alcool d'Atlanta, tu ne savais pas ce que tu faisais. Tu avais un vieux pistolet qui n'était pas chargé, et tu n'as même pas demandé la caisse. Mais le patron du magasin ne savait pas que ton pistolet n'était pas chargé. Il a glissé la main sous le comptoir, et a pris son 357, a tiré et t'a transpercé le cœur. Tu es tombé près du parcmètre et tu t'es effondré dans la vitre brisée, et le vin et le sang dégoulinaient partout sur toi. La dernière parole que tu as dite, c'était : « Mon Dieu. » **Richard se mit à crier : « Ne viens pas ici. Tu ne peux pas m'aider. »**

Je ne peux pas exprimer l'horreur, la terreur de ce que j'ai vu et entendu. Tout ce que je savais, c'est que je ne comprenais rien. Soudain, tout s'est éteint, et je me suis réveillé.

Quarante-huit heures plus tard, j'ai repris connaissance à l'hôpital. Ma femme était assise à côté de moi. J'avais des centaines de points de suture à l'intérieur comme à l'extérieur du corps. Ma femme m'a expliqué que les médecins avaient décidé de ne pas m'amputer la jambe, tenant compte du fait que j'étais chauffeur-routier. Ils surveilleraient cela de près, cependant. Mais ce qui m'intéressait, ce n'était pas mon bras. Je me rappelais trop bien ce que j'avais vu. Je ne pouvais pas l'oublier !

Les gens me demandent aujourd'hui pourquoi je pleure, je crie et je danse quand je prêche. Et moi, je me dis : « Oh, Jésus, si ce qui m'est arrivé leur était arrivé à eux, ils comprendraient pourquoi je suis comme cela. Oh Dieu, je ne veux plus haïr personne, je ne veux plus tirer sur personne. Oh Dieu, j'aime tout le monde. »

76. Vous devez être un gagneur d'âmes parce que le fondateur de World Vision, *Bob Pierce*, a dit : « Que mon cœur soit brisé par les choses qui brisent le cœur de Dieu. »

Dans l'histoire du fils perdu, le frère aîné n'avait pas la même passion que son père. Ce dernier recherchait le fils perdu mais le frère aîné n'était même pas heureux de voir son frère perdu rentrer à la maison. De nombreux chrétiens n'ont pas le cœur brisé par les choses qui bouleversent le cœur de Dieu.

77. Vous devez être un gagneur d'âmes parce que Dieu a
tellement aimé le monde qu'il a donné son Fils afin qu'il
meure pour nous.

Car Dieu a tant aimé le monde qu'il a donné son Fils
unique, pour que quiconque met sa foi en lui ne se
perde pas, mais ait la vie éternelle.

Jean 3 :16

78. Vous devez être un gagneur d'âmes parce que *Carl F. H.
Henry* a dit : « L'Évangile n'est une bonne nouvelle que
si elle arrive à temps. »

79. Vous devez être un gagneur d'âmes parce que les champs
sont maintenant blancs pour la moisson.

Ne dites-vous pas, vous, qu'il y a encore quatre mois
jusqu'à ce que vienne la moisson ? Eh bien, je vous
le dis, levez les yeux et regardez les champs : ils sont
blancs pour la moisson.

Jean 4 :35

Kurt von Schleicher a dit : « Notre Dieu de grâce nous donne
souvent une seconde chance, mais il n'y a pas de seconde chance
pour récolter une moisson qui est mûre. »

80. Vous devez être un gagneur d'âmes parce que *Jim
Elliot,* missionnaire martyr qui a perdu la vie à la fin des
années 1950 en essayant d'atteindre les indiens auca, en
Équateur, a dit : « Il n'est pas insensé celui qui abandonne
ce qu'il ne peut garder pour gagner ce qu'il ne peut pas
perdre. »

81. Vous devez être un gagneur d'âmes parce que vous ne
voulez pas être un sorcier ou un magicien chrétien.

Car la rébellion vaut le péché de divination, et la
résistance vaut le recours illicite aux teraphim. Puisque
tu as rejeté la parole du Seigneur, il te rejette aussi : tu
ne seras plus roi.

1 Samuel 15 :23

Robert Speer, leader d'un mouvement estudiantin bénévole, a dit : « Il n'y a rien, dans le monde ou dans l'église – en dehors de la désobéissance de l'église – qui rende l'évangélisation du monde impossible, pendant cette génération. »

82. **Vous devez être un gagneur d'âmes parce que *J.L. Ewen* a dit : « Tant que des millions de gens sont privés de la parole de Dieu et de la connaissance de Jésus-Christ, il me sera impossible de consacrer du temps et de l'énergie à ceux qui possèdent les deux. »**

83. **Vous devez être un gagneur d'âmes parce que *Robert Savage*, de la mission Latino-Américaine, a dit : « Le commandement, c'est d'aller, mais nous, nous sommes restés sur place – et avec nous notre corps, nos dons, nos prières et notre influence. Il nous a demandé d'être des témoins jusqu'aux extrémités de la terre... mais 99% des chrétiens sont restés bricoler chez eux. »**

84. **Vous devez être un gagneur d'âmes parce qu'aucune autre activité n'a de signification éternelle.**

   Ainsi, mes frères bien-aimés, soyez fermes, inébranlables, progressez toujours dans l'œuvre du Seigneur, sachant que votre travail, dans le Seigneur, N'EST PAS INUTILE.

   1 Corinthiens 15 :58

85. **Vous devez être un gagneur d'âmes parce que *Nate Saint*, un missionnaire martyr, a dit : « Les gens qui ne connaissent pas le Seigneur se demandent pourquoi nous gâchons notre vie, en tant que missionnaires. Ils oublient simplement qu'ils consacrent leur vie à quelque chose... et quand la bulle a explosé, il ne leur reste plus rien qui ait une signification éternelle après toutes ces années gâchées. »**

86. **Vous devez être un gagneur d'âmes parce que Jésus n'est pas venu pour condamner le monde et nous ne sommes pas condamnés tant que nous ne mourons pas sans Christ.**

L'histoire du *Dr Maurice Rawlings* illustre la manière dont, après la mort, vous êtes condamnés à l'enfer, pour n'avoir pas cru en Christ.

Le Dr Maurice Rawlings est un spécialiste du cœur. Il est professeur assistant de médecine à l'université du Tennessee, à Chattanooga, et est membre du Comité international pour les maladies cardiovasculaires. Dans le passé, il a été gouverneur du Collège américain de cardiologie pour l'État du Tennessee, fondateur du conseil des services médicaux d'urgence pour cette région des États-Unis, professeur pour les programmes d'assistance cardiaque avancée, et membre associé du Collège américain des médecins, du Collège de cardiologie, et du Collège des pneumatologues. Il a également servi comme médecin du personnel du Pentagone, et en particulier de Dwight Eisenhower.

Il est l'auteur de plusieurs livres sur les expériences de proximité de la mort et a contribué à de nombreux journaux de médecine. Voici son histoire :

« Cela fait maintenant plusieurs années, je devais ramener à la vie un patient qui était mort alors qu'il s'efforçait de reproduire, par des exercices, les douleurs de la poitrine dont il avait souffert. Cette expérience a changé nos vies pour toujours.

L'homme, un facteur de 47 ans, s'exerçait sur un tapis de jogging, à l'hôpital. Nous espérions que l'exercice reproduirait les douleurs de la poitrine qu'il nous disait avoir ressenti pendant qu'il faisait les mêmes exercices chez lui. Cependant, au lieu qu'il ressente ces mêmes douleurs, l'électrocardiogramme (la machine qui enregistre les battements de votre cœur) s'est détraqué et il est tombé raide mort, le corps affalé à côté du tapis de jogging qui continuait de fonctionner. Pendant que je faisais le massage cardiaque, les infirmières récupérèrent une perfusion et un masque à oxygène, et le patient n'arrêtait pas de dire : « Docteur, n'arrêtez pas ! » Chaque fois que j'arrêtais pour chercher quelque chose, il criait : « Je suis encore en enfer ! » Dans de tels cas, la plupart des patients disent : « Enlevez vos grosses mains, vous me cassez les côtes ». Cela m'indiquait donc qu'il se passait quelque chose d'anormal. Nous avons dû lui poser un stimulateur cardiaque au niveau de l'artère, près de la clavicule, alors qu'il gisait là, par terre. Il se tordait de douleur et le sang giclait partout. Je poussais, et je lui disais de se taire et d'arrêter de m'ennuyer avec ses « histoires de l'enfer ». Je m'efforçais de lui sauver la vie, et lui, il voulait me parler d'un cauchemar infâme qu'il avait, alors qu'il se trouvait dans les affres de la mort.

Il m'a ensuite demandé une chose qui était comme l'insulte absolue pour moi qui étais athée. Il m'a dit : « Docteur, priez pour moi. » Je lui ai dit qu'il perdait la tête, que je n'étais pas un pasteur. Il m'a demandé une nouvelle fois de prier pour lui, et les infirmières me regardaient dans l'attente de ce que j'allais faire, et avec l'air de me dire : « Vous devez le faire, c'est le désir d'un mourant ». Je l'ai donc fait. J'ai fait semblant de prier, une sorte d'absurdité. Je voulais simplement me débarrasser de lui momentanément, alors je lui ai dit de répéter la prière après moi. L'air embarrassé, j'ai laissé échapper ces mots : « je crois que Jésus-Christ est le Fils de Dieu. Allez-y, dites-le. S'il te plaît, sauve-moi de l'enfer. Dites-le ! Et si je vis, si je m'en sors, je t'appartiendrai pour toujours. » Je me souviens bien de cette dernière partie, parce qu'il s'« en est sorti » pour toujours. Chaque fois que nous interrompions le massage cardiaque pour ajuster le stimulateur cardiaque, il criait qu'il retournait en enfer, puis il avait des convulsions, devenait tout bleu, arrêtait de respirer, et son cœur cessait de battre.

Mais après la prière, il a arrêté de se tordre de douleur, de se débattre. Il était calme, maintenant. Le lendemain, toujours très sceptique, je lui ai demandé de me parler de son histoire d'enfer. Je lui ai fait remarquer qu'il avait effrayé les infirmières à mort, et qu'il m'avait mis dans tous mes états. Il m'a alors répondu : « De quel enfer parlez-vous ? Après la prière que vous avez faite, je me souviens avoir vu ma mère quand elle était en vie, bien qu'elle soit morte quand je n'avais que trois ans. » Impossible ! Il l'a repérée dans un album de photos qu'une de ses tantes a apporté le lendemain, mais il ne l'avait jamais vue auparavant. Il l'a identifiée à ses vêtements. Il l'avait vue au ciel. Ce qui s'est passé, apparemment, c'est qu'il avait sublimé les expériences de l'enfer dans des parties indolores de sa mémoire, et après sa conversion, il avait eu des expériences du ciel.

Cette prière « absurde » que j'avais faite pour lui faire plaisir non seulement l'avait mené à la conversion, mais elle m'avait eu, moi aussi. Nous sommes devenus tous les deux des chrétiens nés de nouveau. »

87. Vous devez être un gagneur d'âmes parce qu'il y a tellement d'insensés dans ce monde qui pensent que Dieu n'existe pas et que quelqu'un doit leur parler de Jésus.

Le fou se dit : Il n'y a pas de Dieu ! Ils se sont pervertis, ils se sont livrés à des agissements abominables ; il n'en est pas un qui agisse bien.

Psaume 14 :1

L'histoire du professeur d'art *Howard Storm* illustre la manière dont beaucoup pensent qu'il n'y a pas de Dieu, mais seront vraiment surpris quand ils mourront :

« Nous étions en juin 1985, et je me trouvais en France. Je servais de guide à un groupe d'étudiants, pour un voyage sur l'art. Ma femme m'accompagnait et nous étions arrivés au dernier jour de notre voyage. Au beau milieu d'une phrase, je suis tombé par terre, et me suis mis à pousser des cris, car j'avais atrocement mal à l'estomac. Une ambulance est venue, et l'on m'a emmené d'urgence à l'hôpital, où le médecin qui m'a reçu m'a annoncé que j'avais un trou dans le duodénum, et qu'il fallait m'opérer. C'était un samedi, et à l'hôpital, on m'a donné un lit.

La douleur s'intensifiant toujours plus, une infirmière est entrée dans la pièce et m'a dit, ainsi qu'à ma femme, qu'ils allaient m'opérer de suite. À ce moment-là, j'étais prêt à mourir. Je m'étais accroché, avec le bout de mes ongles, en quelque sorte, comme pour essayer de rester en vie, mais maintenant, ce n'était plus le cas.

Le problème pour moi était que j'étais athée. Pendant mon adolescence, j'avais été élevé dans une église protestante libérale, et j'avais perdu la foi. À l'université, plus tard, j'étais devenu un athée, adepte de la science. Maintenant, face à la mort, je ne ressentais que du désespoir et de la dépression. Je comprenais que j'allais mourir et je savais que cela signifiait que j'allais cesser d'exister. Je l'ai dit à ma femme qui, elle, n'était pas athée, et avait une certaine foi, et elle s'est mise à pleurer.

J'ai fermé les yeux et j'ai perdu connaissance. Je ne sais pas combien de temps cela a duré, mais je me suis retrouvé debout à côté de mon corps. J'ai ouvert les yeux et j'ai vu qu'il y avait un corps dans mon lit. Je ne comprenais pas comment il était possible de se trouver hors de son corps, tout en regardant le corps qui était dans le lit. Et non seulement cela, mais je me sentais extrêmement agité et contrarié parce que je criais sur ma femme pour attirer son attention, mais elle ne me voyait pas, ne m'entendait pas, et ne bougeait pas du tout. Je me suis alors tourné vers mon compagnon de chambre, et il s'est comporté de la même manière. Il m'ignorait complètement et je devenais de plus en plus irrité et agité. C'est à ce moment précis que j'ai entendu des voix qui m'appelaient par mon nom, à l'extérieur de la pièce. Au début, cela me faisait peur, mais les voix semblaient plutôt amicales, et quand je me suis dirigé vers l'entrée de ma chambre, j'ai vu des visages qui déambulaient dans une sorte de brouillard. Je leur ai demandé de s'approcher, mais ils ne venaient pas assez près de moi pour que je les voie clairement. J'étais en mesure de distinguer uniquement leurs silhouettes et leur allure générale. Ces êtres me demandaient constamment de venir avec eux et bien que je leur aie posé des tas de questions précises, ils s'éloignaient de moi en ne me fournissant que des réponses vagues, tout en insistant pour que je les suive. J'ai donc accepté, mais à contrecœur.

J'ai continué à poser mes questions, comme par exemple pour savoir où nous allions, et ils m'ont répondu que je le verrais quand nous y serions arrivés. Puis j'ai demandé qui ils étaient, et ils m'ont dit qu'ils étaient venus pour me chercher. Je les ai donc suivis et nous sommes partis pour un voyage qui, visiblement, a duré un certain nombre de kilomètres. Il n'y avait ni paysage ni architecture, juste un brouillard qui s'épaississait et s'assombrissait toujours davantage. Bien qu'ils aient refusé de me dire où nous allions, ils m'ont laissé entendre qu'ils prendraient soin de moi et qu'ils avaient quelque chose pour moi.

Petit à petit, ils ont commencé à se montrer de plus en plus cruels à mesure qu'il faisait toujours plus sombre. Les créatures ont commencé également à se moquer de moi, et certaines disaient aux autres : « Hé, faites attention, ne l'effrayez pas », ou bien : « Calmez-vous, c'est trop tôt pour cela. » Ce qui était pire encore, c'est qu'ils ont commencé à faire des blagues vulgaires à mon sujet. Au début, j'avais l'impression qu'ils étaient environ une douzaine, mais plus tard, j'ai estimé leur nombre à quarante ou cinquante. Plus tard encore, j'ai eu l'impression qu'ils étaient des centaines voire plus.

À ce moment-là, je me suis dit que je n'irais pas plus loin. C'était comme un coup de bluff de ma part parce que je ne savais pas par où retourner en arrière, ni même où j'étais. Je n'arrivais pas à comprendre comment je pouvais encore me trouver à l'hôpital tout en ayant marché pendant si longtemps. Les créatures répliquèrent en me poussant et en me bousculant, et au début, je me défendais bien et j'arrivais même à les frapper à la figure et à leur donner des coups de pied. Malgré tout, je ne pouvais pas vraiment leur faire du mal, et ils se contentaient de rire. Puis ils se mirent à m'arracher des morceaux de chair, avec leurs ongles et leurs dents. Je ressentis alors une véritable douleur physique et cela continua pendant un assez long moment. Je me battais et essayais de les éviter. Le problème était que je me trouvais au milieu d'une foule, qu'il y avait des mains et des dents partout autour de moi, et plus je criais et me battais, plus ils semblaient apprécier. Le bruit était terrible, le rire cruel et le tourment permanent. Puis ils poussèrent un peu plus loin, m'insultant et me violentant de nombreuses manières trop horribles pour en parler, et avec une conversation qui était bien plus vulgaire qu'on pourrait même l'imaginer. À la fin, je n'avais plus la force ou la capacité de combattre, et je suis tombé sur le sol. Ils me donnèrent alors l'impression de perdre tout intérêt pour moi. Les gens semblaient venir près de moi et me donnaient quelques coups de pied, mais la furie la plus intense avait cessé.

Étendu sur le sol, j'eus la plus étrange des expériences. Une voix qui semblait venir de ma poitrine s'adressa à mon esprit. C'était une conversation intérieure et la voix me dit : « Prie Dieu. »

Je commençai à protester en disant que je ne croyais pas en Dieu. Comment pouvais-je donc le prier ? Mais ma voix dit : « Prie Dieu », et je pensai : « Mais je ne sais pas comment prier, je ne sais pas ce que signifie la prière ! » Pour la troisième fois, ma propre voix dit : « Prie Dieu », je me suis donc dit que je ferais mieux d'essayer.

Je commençai à dire des choses du genre : « Le Seigneur est mon berger », « Que Dieu bénisse l'Amérique ! », des petites choses semblables que je pouvais me rappeler et qui me semblaient religieuses. Puis les pensées devinrent des marmonnements, et au fil des minutes, les créatures qui étaient autour de moi se mirent à crier et à me dire que Dieu n'existait pas. Elles me dirent que j'étais le pire des pires, que personne ne pouvait m'entendre, alors que pouvais-je faire ?

Comme ces créatures mauvaises protestaient avec force, j'ai recommencé à parler et je leur ai dit des choses du genre : « Dieu m'aime. Éloignez-vous de moi. Au nom de Dieu, laissez-moi tranquille ! » Ils continuèrent à crier sur moi, à la différence que, maintenant, ils se retiraient dans les ténèbres. Je me suis finalement retrouvé à crier tout ce que je pouvais penser et qui semblait plus ou moins religieux, mais il n'y avait plus personne autour de moi. J'étais complètement seul dans les ténèbres ; ils s'étaient retirés comme si mes paroles les avaient échaudés.

Bien que j'aie crié des extraits du Psaume 23, « même si je marche dans la vallée de l'ombre de la mort, je ne crains aucun mal », et le Notre Père, je n'y croyais pas vraiment. Je les utilisais dans la mesure où je pouvais me rendre compte que ces paroles avaient pour effet de les éloigner de moi, mais je n'avais aucune conviction dans mon cœur à propos de leur vérité.

J'étais là, seul. Combien de temps cela a pu durer, je n'en sais rien. Mais j'ai sombré alors dans un grand désespoir, au-delà de tout ce que j'imaginais possible. J'étais là, dans l'obscurité, et quelque part, dans cette même obscurité, se trouvaient ces créatures mauvaises. Je ne pouvais pas bouger, je ne pouvais pas ramper, et j'étais trop déchiré pour savoir quoi faire. En réalité, j'en étais arrivé au point où je ne voulais plus vraiment exister.

C'est à ce moment de profond désespoir qu'un chant de mon enfance, appris quand je fréquentais l'école du dimanche, a commencé à se faire entendre dans ma tête. « Jésus m'aime… Jésus m'aime, je le sais », et je désirais que cela soit vrai plus qu'aucune autre chose de ma vie. De toutes les fibres de mon être, de mon esprit, de ma force et de mon cœur, j'ai crié dans les ténèbres : « Jésus, s'il te plaît, sauve-moi ! » J'étais sérieux. Je n'avais pas le moindre doute à ce sujet, je le voulais de toutes les fibres de mon être, et en le faisant, j'ai vu comme une toute petite lumière apparaître dans les ténèbres. Elle est vite devenue de plus en plus brillante, et peu après, c'était une grande lumière d'un éclat indescriptible, qui m'a enlevée. Comme elle me soulevait, je jetai un coup d'œil sur moi-même, en bas, et j'aperçus toutes les déchirures, les larmes et les blessures que j'avais reçues qui disparaissaient maintenant lentement. Tandis que je continuais à être élevé, j'étais restauré et rétabli. La seule manière dont je peux décrire cela, c'est comme une chose d'une beauté inexplicable et que je savais être bonne.

Une minute avant, j'étais un athée, la minute d'après, tout en moi réclamait Jésus. J'ai perdu ainsi tout mon orgueil, mon égocentrisme, ma dépendance de moi-même, ma confiance en mon intellect que j'estimais beaucoup trop. Tout cela avait cessé de me servir – et m'avait même abandonné. Toutes les choses que j'avais vécues, pendant ma vie, ces choses dont j'avais fait mon dieu et que j'adorais, m'avaient laissé tomber. Ce que je désirais de tout mon être, c'était un espoir qu'on avait implanté dans un petit enfant, de nombreuses années auparavant.

Cette expérience a complètement changé ma vie. Non seulement j'ai fini par devenir un pasteur à plein-temps mais tout ce que je ressens a été transformé. Avant cela, j'avais de la mélancolie et du cynisme, mais maintenant, j'avais une joie authentique, tout le temps. Ce qui ne veut pas dire que je n'ai plus de hauts et de bas, mais derrière chaque jour, il y a de la joie, et j'essaie, autant que faire se peut, de répandre cette joie et cette paix. »

88. Vous devez être un gagneur d'âmes parce que *Robert C. Shannon* a dit : « N'ayez jamais pitié des missionnaires, enviez-les. Ils sont là où l'action se passe – là où se jouent la vie et la mort, le péché et la grâce, le ciel et l'enfer. »

89. Vous devez être un gagneur d'âmes à cause du sang de Jésus qui a été versé pour toutes les nations, les tribus et les peuples.

Ils chantent un chant nouveau, en disant : Tu es digne de recevoir le livre et d'en ouvrir les sceaux, car tu as été immolé et tu as acheté pour Dieu, par ton sang, des gens de toute tribu, de toute langue, de tout peuple et de toute nation ; tu as fait d'eux, pour notre Dieu, un royaume et des prêtres, et ils régneront sur la terre.

Apocalypse 5 :9,10

90. Vous devez être un gagneur d'âmes parce que le comte *Nicolaus Ludwig von Zinzendorf* a dit : « Je n'ai qu'une seule passion : c'est lui, et lui seul. Le monde est le champ, et le champ, c'est le monde ; par conséquent, ce pays sera mon foyer au sein duquel je peux être le plus utilisé pour gagner des âmes pour Christ. »

91. **Vous devez être un gagneur d'âmes parce que *J. Howard Edington* a dit : « Les gens qui ne croient pas aux missions n'ont pas lu le Nouveau Testament. La première église l'a pris au mot et est allé à l'est, à l'ouest, au nord et au sud. »**

92. **Vous devez être un gagneur d'âmes parce que *A.B. Simpson* a dit : « Le chrétien n'est pas obéissant s'il ne fait pas tout ce qui est en son pouvoir pour envoyer l'Évangile au monde païen. »**

93. **Vous devez être un gagneur d'âmes parce que Jean 3:16 dit que Jésus est mort pour le monde entier, et non pour une partie seulement.**

Pat Morley a dit : « Si la Grande Mission d'évangélisation est vraie, nos plans ne sont pas trop grands. Ils sont trop petits. »

94. **Vous devez être un gagneur d'âmes parce que *Ted Engstrom*, de World Vision, a dit : « Une assemblée qui n'est pas profondément et ardemment engagée dans la proclamation universelle de l'Évangile ne comprend pas la nature du salut. »**

95. **Vous devez être un gagneur d'âmes parce que près de 6 000 personnes sont mortes au cours de la dernière heure et sont entrés dans l'éternité pendant que vous lisiez ce livre.**

96. **Vous devez être un gagneur d'âmes parce que près de 143 000 personnes vont entrer dans l'éternité dans les prochaines 24 heures.**

97. **Vous devez être un gagneur d'âmes parce que d'ici une semaine, un million de gens auront quitté ce monde pour aller soit au ciel soit en enfer, et ils n'auront plus jamais l'occasion de changer leur situation.**

L'histoire du néo-zélandais *Ian McCormack* montre comme il est facile et rapide pour les gens de passer dans l'éternité :

« Toute ma vie tournait autour du sport et des voyages. À l'âge de 24 ans, après avoir passé mon diplôme de vétérinaire à l'université de Nouvelle-Zélande, je venais de terminer deux années de voyage autour du monde. Je vivais maintenant dans un paradis terrestre pour quiconque aime le surf et la plongée sous-marine – l'île Maurice.

J'avais pris l'habitude d'aller faire du surf et de la pêche avec les plongeurs créoles locaux, et je suis devenu un fan de la plongée nocturne. Étant habitué à des climats plus froids que le climat de cette île, je ne portais sur moi qu'une combinaison d'un millimètre d'épaisseur avec des manches courtes, alors que les locaux en portaient une de trois à quatre millimètres, et étaient recouverts entièrement de la tête aux pieds. Quatre jours avant de quitter cette île et de repartir en Nouvelle-Zélande pour assister au mariage de mon frère, j'ai participé à une plongée nocturne avec les garçons du coin. Je me sentais un peu mal à l'aise parce que j'apercevais, à l'horizon, les prémices d'une tempête et beaucoup d'électricité, mais je me suis laissé convaincre d'y aller quand même.

Au cours de la plongée, cette nuit-là, le rayon lumineux de ma torche a rencontré une méduse, qui était juste devant moi. J'étais comme fasciné, car cette méduse n'avait pas la taille habituelle. Elle avait plutôt la forme d'une boîte. Je ne réalisais pas, en la serrant dans ma main recouverte d'un gant de cuir, qu'il s'agissait de la seconde créature la plus mortelle pour l'homme, que l'on appelle également la guêpe de mer. Son poison a déjà tué plus de 70 australiens et, dans les régions les plus septentrionales de l'Australie, elle a tué davantage de gens que les requins. À Darwin, la piqûre de ce poisson a stoppé le cœur d'un homme de 38 ans en l'espace de 10 minutes.

Soudain, j'ai ressenti comme une énorme décharge électrique dans mon avant-bras, de l'ordre de plusieurs milliers de volts. Incapable de voir ce qui se passait, j'ai fait la pire chose possible : j'ai frotté mon bras, et faisant ainsi, j'ai frotté le poison qui sortait des tentacules du poisson. Avant de pouvoir atteindre le récif, j'ai été piqué par trois autres guêpes de mer. Mon avant-bras avait gonflé comme un ballon et, là où les tentacules avaient piqué, il y avait comme des cloques brûlées en travers de mon bras. À mesure que le poison commençait à se répandre dans mon corps, j'avais l'impression d'être en feu. Il toucha d'abord ma glande lymphatique, comme si elle avait reçu un coup violent, et ma respiration devint aussitôt extrêmement difficile.

Je savais qu'il fallait m'hospitaliser et très vite ! Après la cinquième piqûre, l'un des plongeurs me tira jusqu'au rivage, et me déposa sur la route, qui se trouvait dans un endroit désert de l'île. Étendu sur le dos et sentant que le poison faisait son effet, j'entendis une voix douce dire : « Fiston, si tu fermes les yeux, tu ne réveilleras jamais plus. » J'ignorais complètement qui avait parlé, mais étant moi-même un maître-nageur expérimenté ainsi qu'un professeur de plongée, je savais très bien que, si je ne recevais pas rapidement de l'antipoison, je mourrais.

Mes efforts pour aller à l'hôpital furent contrariés, c'est le moins que l'on puisse dire, car je n'avais pas d'argent. De plus, un chauffeur de taxi indien, que j'avais supplié, à genoux, de m'emmener, accepta bien de me prendre mais me déposa à un hôtel, et me laissa tomber sur le parking de l'établissement, pensant que je n'aurais pas de quoi le payer. Le propriétaire de l'hôtel, un chinois, refusa également de me prendre dans sa voiture, car il pensait que les marques que je portais au bras provenaient d'une overdose d'héroïne. Cependant, un agent de la sécurité, qui se trouvait être un des amis avec lesquels je buvais souvent, appela une ambulance.

Pendant le transport, ma vie se déroula devant moi comme dans un film, et je me dis à moi-même : « Je vais mourir. C'est ce qui arrive juste avant qu'on meure, votre vie se déroule complètement devant vous. » En dépit du fait que j'étais athée, je me demandai s'il n'y avait pas une forme de vie après la mort. Puis le visage de ma mère m'apparut. Elle me dit : « Ian, peu importe que tu te trouves loin de Dieu, si seulement tu cries à lui de tout ton cœur, Dieu t'entendra et te pardonnera. »

Quoi qu'il en soit, je promis à Dieu que, si je ressortais vivant de cette expérience, je trouverais ce qu'était sa volonté pour moi et je le suivrais tous les jours de ma vie. En faisant la seule prière que je connaissais, je compris que je venais de faire la paix avec Dieu, et presque immédiatement, les portes de l'ambulance s'ouvrirent. On m'installa dans une chaise roulante et on m'introduisit en hâte dans l'hôpital.

Les médecins et les infirmières accoururent aussitôt. Ils essayèrent, à deux reprises, de prendre ma tension artérielle, mais ils ne trouvèrent pas mon pouls. Les médecins m'injectèrent de l'antipoison et du dextrose afin de me sauver la vie.

J'étais conscient du fait que, si je m'éloignais de mon corps, c'en serait fini – ce serait la mort. Je savais qu'il ne s'agissait pas d'un voyage bizarre, d'une sorte d'hallucination. C'était la réalité, mais je n'avais aucunement l'intention de quitter mon corps et de mourir. Je voulais rester éveillé, toute la nuit si nécessaire, et combattre le poison qui s'était introduit dans mon système.

Sentant qu'on me soulevait pour m'installer dans un lit, je me rendis compte que je ne sentais plus mes bras et que je ne réussissais plus à garder les yeux ouverts. Je ne pouvais pas incliner ma tête, mes yeux étaient remplis de sueur, de sorte que, je m'en souviens, j'avais du mal à voir et j'ai fermé les yeux, en poussant un profond soupir. À partir de ce moment précis, et pendant près de 15 minutes, je me suis retrouvé mort, comme je l'ai appris auprès du personnel de l'hôpital.

La chose la plus effrayante pour moi a été le moment où j'ai fermé les yeux. Je me suis soudain retrouvé éveillé de nouveau, debout à côté de ce que j'imaginais être mon lit, dans l'obscurité la plus noire et la plus épaisse, et me demandant pourquoi les médecins avaient éteint toutes les lumières.

Voulant rallumer les lumières, j'ai tendu la main pour trouver le mur, mais sans succès. « O.K. », me suis-je dit, « ils m'ont peut-être transféré dans la salle principale. » Si je pouvais retourner jusqu'à mon lit, je pourrais rallumer la lumière, mais je n'arrivais pas à retrouver mon lit. Je pensai que je ferais mieux de rester tranquille pendant un moment, mais il faisait si sombre que je ne parvenais même pas à voir ma main devant moi, et quand j'essayais de lever ma main droite jusqu'à mon visage, j'avais l'impression soit de ne pas toucher mon visage, soit de passer à travers. « Tu ne peux pas rater ta tête », me suis-je dit, alors j'ai levé mes deux mains devant mon visage et j'ai eu l'impression que toutes les deux le rataient.

C'était la sensation la plus étrange que je puisse avoir, mais ce qui suivit était encore pire, parce que je réalisai alors que j'étais incapable de toucher la moindre partie de mon corps. J'avais pourtant la sensation d'être un être humain complet, avec toutes ses facultés. Ce qui me manquait apparemment, c'était tout simplement un corps de chair.

Je comprends maintenant que je me trouvais en dehors de mon corps, parce que lorsqu'une personne meurt, son esprit quitte son corps.

Ma pensée suivante a été : « Dans quel endroit de la terre suis-je ? » Car je sentais que le mal le plus intense pénétrait les ténèbres qui m'entouraient. Comme si ces ténèbres avaient pris une dimension spirituelle. Il y avait là, à côté de moi, une présence totalement mauvaise qui commençait à s'avancer vers moi. Bien que je ne puisse pas encore voir, je sentais comme quelque chose qui me regardait, à l'extérieur de ces ténèbres. Puis, sur ma droite, une voix se mit à crier : « Ferme-là ! » Comme je m'éloignais de cette voix, une autre, venant de la gauche, se mit à crier : « Tu mérites d'être ici ! » Je levai les bras comme pour me protéger et je demandai : « Où suis-je ? », et une troisième voix répliqua : « Tu es en enfer. Et maintenant, ferme-là ! » Certaines personnes pensent que l'enfer n'est qu'une grande fête ; mais moi, je vous dis que cela va être très dur d'y boire votre bière et de trouver votre propre visage.

Je me suis tenu là, dans l'obscurité, assez longtemps pour m'imprégner de la crainte de Dieu pour toute l'éternité. Vous vous demandez peut-être pourquoi Dieu m'a emmené là-bas, mais il m'a dit, plus tard, que si je n'avais pas prié dans l'ambulance, comme on le fait sur son lit de mort, je serais resté en enfer. Je remercie Dieu car, dans sa grâce, il entend la prière que le pécheur fait dans les derniers instants de sa vie. »

98. Vous devez être un gagneur d'âmes parce que 35 000 personnes sont mortes aujourd'hui après avoir vécu toute leur vie sur cette planète sans jamais avoir entendu parler du nom de Jésus-Christ.

99. Vous devez être un gagneur d'âmes pour que s'accomplissent les prophéties d'Ésaïe sur les efforts que Dieu fait pour sauver les perdus.

Et maintenant, qu'ai-je à faire – déclaration du SEIGNEUR – quand mon peuple, pour rien, a été pris ? Ceux qui le dominent hurlent – déclaration du SEIGNEUR – et constamment mon nom est bafoué.

C'est pourquoi mon peuple connaîtra mon nom ; c'est pourquoi il saura, en ce jour-là, que c'est moi qui parle : je suis là.

Qu'ils sont beaux, sur les montagnes, les pas de celui qui porte la bonne nouvelle, qui proclame la paix, de celui qui porte l'heureuse nouvelle, qui proclame le salut, qui dit à Sion : Ton Dieu est roi !

C'est la voix de tes guetteurs : ils élèvent la voix, tous ensemble ils poussent des cris de joie ; car c'est face à face qu'ils voient le Seigneur revenir à Sion.

Éclatez en cris de joie, tous ensembles, ruines de Jérusalem ! Car le Seigneur console son peuple, il assure la rédemption de Jérusalem.

Le Seigneur a mis à nu son bras saint sous les yeux de toutes les nations ; et toutes les extrémités de la terre verront le salut de notre Dieu.

Ésaïe 52 :5-10

100. Vous devez être un gagneur d'âmes parce que Dieu a démontré son amour envers nous quand nous étions des pécheurs et parce que nous devons nous aussi démontrer notre amour pour ceux qui ne sont pas encore sauvés.

« Le zèle missionnaire n'émane pas de croyances intellectuelles ni d'arguments théologiques, mais de l'amour. »

Roland Allen

Or voici comment Dieu, lui, met en évidence son amour pour nous : le Christ est mort pour nous alors que nous étions encore pécheurs.

Romains 5 :8

101. Vous devez être un gagneur d'âmes parce que nous devons, par tous les moyens, en sauver quelques-uns.

J'ai été faible avec les faibles, afin de gagner les faibles. Je me suis fait tout à tous, afin d'en sauver de toute manière quelques-uns.

1 Corinthiens 9 :22

102. Vous devez être un gagneur d'âmes parce que Jésus a dit que nous avons nous occuper des affaires de notre Père.

Il leur dit : Pourquoi me cherchiez-vous ? Ne saviez-vous pas qu'il faut que je m'occupe des affaires de mon Père ?

Luc 2 :49 (Louis Segond)

103. Vous devez être un gagneur d'âmes parce que l'apôtre Pierre a dit que le salut ne se trouve en aucun autre nom que celui de Jésus-Christ.

Le salut ne se trouve en aucun autre car il n'y a sous le ciel aucun autre nom donné parmi les humains par lequel nous devions être sauvés.

Actes 4 :12

104. Vous devez être un gagneur d'âmes parce que l'Évangile offre le meilleur de tout.

Car Dieu a tant aimé le monde qu'il a donné son Fils unique, pour que quiconque met sa foi en lui ne se perde pas, mais ait la vie éternelle.

Jean 3 :16

i. L'Évangile offre la plus grande de toutes les invitations.

ii. L'Évangile offre l'amour de la plus grande des personnes.

iii. L'Évangile offre le plus grand type d'amour.

iv. L'Évangile offre le salut au plus grand nombre de gens.

v. L'Évangile offre le plus grand don à l'homme… la vie éternelle.

vi. L'Évangile offre à chacun la chance d'accomplir le plus grand acte humain – croire en Christ est le plus grand acte qu'un être humain puisse accomplir.

vii. L'Évangile offre le plus grand moyen d'échapper au jugement et à l'enfer .

viii.L'Évangile offre la plus grande destination – le ciel.

105. Vous devez être un gagneur d'âmes parce qu'il n'y a pas de plus grand amour que cela.

a. L'amour de Jésus est plus grand que l'amour d'un homme pour une femme

À cause de toi, Jonathan, mon frère, je suis dans la détresse ! Tu m'étais si cher ; ton amour était plus merveilleux pour moi que l'amour des femmes.

2 Samuel 1 :26

Et Jacob aimait Rachel. Il dit : Je te servirai sept ans pour Rachel, ta fille cadette.

Genèse 29 :18

b. L'amour de Jésus est plus grand que l'amour d'un homme pour sa nation.

Ils arrivèrent auprès de Jésus et le supplièrent d'une manière pressante en disant : Il est digne que tu lui accordes cela, car il aime notre nation, et c'est lui qui a construit notre synagogue.

Luc 7 :4,5

106. Vous devez être un gagneur d'âmes parce que l'enfer est un lieu effrayant qui attend les âmes perdus et des pécheurs rebelles.

a. L'enfer est un lieu de liens.

Les liens du séjour des morts m'avaient entouré, les filets de la mort étaient devant moi.

2 Samuel 22 :6

b. L'enfer est un lieu où l'on ne meurt jamais.

Si ta main doit causer ta chute, coupe-la ; mieux vaut pour toi entrer manchot dans la vie que d'avoir tes deux mains et d'aller dans la géhenne, dans le feu qui ne s'éteint pas.

Marc 9 :43

c.	L'enfer est un lieu à éviter, même au prix de vos yeux, de vos bras et de vos jambes.

Si ta main doit causer ta chute, coupe-la ; mieux vaut pour toi entrer manchot dans la vie que d'avoir tes deux mains et d'aller dans la géhenne, dans le feu qui ne s'éteint pas. Si ton pied doit causer ta chute, coupe-le ; mieux vaut pour toi entrer infirme dans la vie que d'avoir tes deux pieds et d'être jeté dans la géhenne. Et si ton œil doit causer ta chute, arrache-le ; mieux vaut pour toi entrer borgne dans le royaume de Dieu que d'avoir deux yeux et d'être jeté dans la géhenne, où leur ver ne meurt pas, et où le feu ne s'éteint pas.

Marc 9 :43-47

d.	L'enfer est un lieu qui s'étend toujours pour accueillir plus de personnes.

C'est pourquoi le séjour des morts ouvre tout grand son gosier, il ouvre sa bouche sans limite ; l'élite comme la multitude de la ville y descendent, son vacarme et sa liesse.

Ésaïe 5 :14

e.	L'enfer est un lieu où l'on sera accueilli par des démons et des morts.

Le séjour des morts, en bas, s'agite pour t'accueillir à ton arrivée ; il éveille pour toi les ombres.

Ésaïe 14 :9

f.	L'enfer est un lieu où les gens supplient qu'on leur rafraîchisse la langue.

Il y avait un homme riche qui s'habillait de pourpre et de fin lin, et qui chaque jour faisait la fête et menait brillante vie.

Un pauvre couvert d'ulcères, nommé Lazare, était couché à son porche ; il aurait bien désiré se rassasier de ce qui tombait de la table du riche ; au lieu de cela, les chiens venaient lécher ses ulcères.

Le pauvre mourut et fut porté par les anges sur le sein d'Abraham. Le riche aussi mourut et fut enseveli.

Dans le séjour des morts, il leva les yeux : et, en proie aux tourments, il vit de loin Abraham et Lazare sur son sein.

Il s'écria : Abraham, mon père, aie compassion de moi ! Envoie Lazare tremper le bout de son doigt dans l'eau pour me rafraîchir la langue, car je souffre dans ces flammes.

Luc 16 :19-24

g. L'enfer est un lieu effrayant de ténèbres et de chaînes

Si Dieu, en effet, n'a pas épargné les anges qui avaient péché, mais s'il les a livrés et précipités dans des chaînes de ténèbres où ils sont gardés en vue du jugement...

2 Pierre 2 :4

h. L'enfer est un immense étang de feu

La bête fut prise, et avec elle le prophète de mensonge qui avait produit devant elle les signes par lesquels il avait égaré ceux qui avaient reçu la marque de la bête et qui se prosternaient devant son image. Tous deux furent jetés vivants dans l'étang de feu où brûle le soufre.

Apocalypse 19 :20

i. L'enfer est un immense étang de soufre brûlant (un élément chimique semblable à l'oxygène)

Le diable qui les égarait fut jeté dans l'étang de feu et de soufre, où sont la bête et le prophète de mensonge. Ils seront tourmentés jour et nuit, à tout jamais.

Apocalypse 20 :10

j. L'enfer est un lieu qui n'est jamais rempli. Il y a de la place pour vous là-bas, si vous refusez obstinément l'Évangile du salut par Jésus-Christ.

Le séjour des morts et le monde des disparus ne peuvent être rassasiés.

Proverbes 27 :20

107. **Vous devez être un gagneur d'âmes parce que le monde entier a soif et recherche l'eau qui satisfait pleinement.**

Le dernier jour, le grand jour de la fête, Jésus, debout, s'écria : Si quelqu'un a soif, qu'il vienne à moi et qu'il boive ! Celui qui met sa foi en moi, – comme dit l'Écriture – des fleuves d'eau vive couleront de son sein.

Il dit cela au sujet de l'Esprit qu'allaient recevoir ceux qui mettraient leur foi en lui ; car il n'y avait pas encore d'Esprit, puisque Jésus n'avait pas encore été glorifié.

Des gens de la foule, après avoir entendu ces paroles, disaient : Vraiment, c'est lui, le Prophète !

Jean 7 :37-40

Celui qui boira de l'eau que, moi, je lui donnerai, celui-là n'aura jamais soif : l'eau que je lui donnerai deviendra en lui une source d'eau qui jaillira pour la vie éternelle.

Jean 4 :14

a. Quelqu'un a-t-il soif ? Oui, nous avons tous soif. Les hommes cherchent toujours à étancher leur soif d'une manière erronée.

b. Les hommes cherchent à étancher leur soif avec l'argent.

Tes yeux se lèvent vers la richesse ? Il n'y a plus rien ! Car elle se fait des ailes et, comme l'aigle, elle s'envole vers le ciel.

Proverbes 23 :5

c. Les hommes essaient d'étancher leur soif en cherchant l'inconnu et la connaissance.

...toujours en train d'apprendre sans jamais pouvoir arriver à la connaissance de la vérité.

2 Timothée 3 :7

> Car avec beaucoup de sagesse on a beaucoup de contrariété ; plus on a de connaissance, plus on a de tourment.

Ecclésiaste 1 :18

> Quant au reste, mon fils, tires-en instruction : à faire un grand nombre de livres, il n'y aurait pas de fin, et beaucoup d'étude est une fatigue pour la chair.

Ecclésiaste 12 :12

d. Les hommes essaient d'étancher leur soif en cherchant le plaisir

> En effet, vous avez suffisamment accompli, dans le passé, la volonté des gens des nations, en vous livrant à la débauche, aux désirs, à l'ivrognerie, aux orgies, aux beuveries et à des idolâtries infâmes. Ils sont surpris que vous ne couriez pas avec eux vers ce débordement de débauche, et ils calomnient.

1 Pierre 4 :3-4

e. Les hommes essaient d'étancher leur soif dans l'alcool

> Pour qui les « Malheur ! », pour qui les « Hélas ! » ? Pour qui les querelles, pour qui les plaintes ? Pour qui les blessures inutiles ? Pour qui les yeux rouges ?
>
> Pour ceux qui s'attardent auprès du vin, pour ceux qui aiment déguster les fins parfumés.
>
> Ne regarde pas le vin lorsqu'il est d'un beau rouge, qu'il déploie sa robe dans la coupe et qu'il coule aisément.

Proverbes 23 :29-31

> Quel malheur pour ceux qui se lèvent de bon matin afin de rechercher l'alcool, pour ceux qui traînent au crépuscule, échauffés par le vin !

Ésaïe 5 :11

f. Les hommes essaient d'étancher leur soif dans le sexe

> Que ton cœur ne se dévoie pas pour suivre une telle femme, ne t'égare pas dans ses sentiers.

86

Car elle a fait tomber beaucoup de victimes ; même les plus forts, elle les a tous tués.

Sa maison, c'est le chemin du séjour des morts qui descend vers les chambres de la mort.

Proverbes 7 :25-27

g. Les hommes essaient d'étancher leur soif dans l'homosexualité

Leur audace témoigne contre eux : leur péché, ils le montrent, comme Sodome, ils ne le cachent pas. Quel malheur pour eux ! Car ils se préparent un malheur.

Ésaïe 3 :9

Voici quelle a été la faute de Sodome, ta sœur : elle avait de l'orgueil, du pain à satiété, une insouciante tranquillité, elle et ses filles, et elle ne faisait rien pour redonner courage au pauvre et au déshérité.

Ézéchiel 16 :49

h. Les hommes essaient d'étancher leur soif en travaillant toujours plus

Voilà un homme, sans personne d'autre ; il n'a ni fils ni frère, et pourtant son travail n'a pas de fin : ses propres yeux ne sont jamais rassasiés de richesses. « Pour qui donc est-ce que je travaille et me prive de bonheur ? » Ce n'est encore là qu'une futilité et une occupation funeste.

Ecclésiaste 4 :8

i. Seul Christ peut étancher la soif et récompenser la recherche

Jésus leur dit : C'est moi qui suis le pain de vie. Celui qui vient à moi n'aura jamais faim, et celui qui met sa foi en moi n'aura jamais soif.

Jean 6 :35

108. **Vous devez être un gagneur d'âmes parce que Dieu vous a envoyé afin que vous invitiez les gens au festin du Seigneur.**

> **Le maître dit alors à l'esclave : « Va par les chemins et le long des haies, contrains les gens à entrer, afin que ma maison soit remplie. »**
>
> Luc 14 :23

a. Dieu vous invite à venir à Lui. Tout au long de la Bible, Dieu invite les gens à venir à Lui.

> **Allez, revenons au Seigneur ! Car il a déchiré, mais il nous guérira ; il a frappé, mais il pansera nos plaies.**
>
> Osée 6 :1

> **Je me tiens à la porte et je frappe. Si quelqu'un m'entend et ouvre la porte, j'entrerai chez lui, je dînerai avec lui et lui avec moi.**
>
> Apocalypse 3 :20

> **Je vous ai envoyé tous mes serviteurs, les prophètes, je les ai envoyés, inlassablement, pour vous dire : Que chacun de vous revienne, je vous prie, de sa voie mauvaise ; réformez vos agissements, ne suivez pas d'autres dieux pour les servir, et vous resterez sur la terre que je vous ai donnée, à vous et à vos pères. Mais vous n'avez pas tendu l'oreille, vous ne m'avez pas écouté.**
>
> Jérémie 35 :15

> **Par ma vie, – déclaration du Seigneur Dieu – ce que je désire, ce n'est pas que le méchant meure, c'est qu'il revienne de sa voie méchante et qu'il vive ! Revenez, revenez de vos voies mauvaises. Pourquoi devriez-vous mourir, maison d'Israël ?**
>
> Ézéchiel 33 :11

b. Les petites choses et les petites excuses gardent les gens loin de Dieu.

Un peu de sommeil, un peu d'assoupissement, un peu croiser les bras en se couchant... et la pauvreté, qui rôde, te surprendra ; la misère arrivera comme un soudard.

Proverbes 24 :33,34

c. Votre pays, vos biens et votre travail ne doivent pas vous garder éloigné de Dieu.

Prenez garde à vous-mêmes, de peur que votre cœur ne s'alourdisse dans les excès, les ivresses et les inquiétudes de la vie, et que ce jour n'arrive sur vous à l'improviste.

Luc 21 :34

d. Même votre famille ne doit pas vous garder loin de Dieu.

Si quelqu'un vient à moi et ne déteste pas son père, sa mère, sa femme, ses enfants, ses frères, ses sœurs et même sa propre vie, il ne peut être mon disciple.

Luc 14 :26

Il dit à un autre : Suis-moi. Celui-ci répondit : Seigneur, permets-moi d'aller d'abord ensevelir mon père.

Luc 9 :59

e. Malheureusement, la plupart des gens rejettent la grande invitation. C'est pourquoi, les pauvres et les malheureux occuperont les places, au ciel.

Mais si, toi, tu avertis le méchant au sujet de sa voie, et qu'il ne revienne pas de sa voie, il mourra dans sa faute, et toi, tu sauveras ta vie.

Ézéchiel 33 :9

f. C'est commettre une erreur dangereuse que de rejeter l'invitation et l'amour de Dieu.

Comment échapperons-nous si nous négligeons un si grand salut, qui a commencé à être annoncé par l'entremise du Seigneur et qui nous a été confirmé par ceux qui l'ont entendu.

Hébreux 2 :3

Prenez garde de ne pas repousser celui qui parle. En effet, si ceux-là n'ont pas échappé qui ont repoussé celui qui les avertissait sur la terre, à bien plus forte raison n'échapperons-nous pas si nous nous détournons de celui qui nous avertit depuis les cieux.

Hébreux 12 :25

g. Au grand festin, vous apprécierez le pain – le pain de vie.

Le pain que voici, c'est celui qui descend du ciel, pour que celui qui en mange ne meure pas. C'est moi qui suis le pain vivant descendu du ciel. Si quelqu'un mange de ce pain, il vivra pour toujours ; et le pain que, moi, je donnerai, c'est ma chair, pour la vie du monde.

Jean 6 :50,51

h. Au grand festin, vous apprécierez le lait.

Comme des enfants nouveau-nés, aspirez au lait non frelaté de la Parole, afin que, par lui, vous croissiez pour le salut.

1 Pierre 2 :2

i. Au grand festin, vous apprécierez la viande.

Mais la nourriture solide est pour les adultes, pour ceux qui, par l'usage, ont le sens exercé au discernement du bien et du mal.

Hébreux 5 :14

j. Au grand festin, vous apprécierez l'eau de la Parole et du Saint-Esprit.

Celui qui boira de l'eau que, moi, je lui donnerai, celui-là n'aura jamais soif : l'eau que je lui donnerai deviendra en lui une source d'eau qui jaillira pour la vie éternelle.

Jean 4.14

L'Esprit et la mariée disent : Viens ! Que celui qui entend dise : Viens ! Que celui qui a soif vienne ; que celui qui veut prenne de l'eau de la vie, gratuitement.

Apocalypse 22 :17

k. Au grand festin, vous apprécierez les fruits

Quant au fruit de l'Esprit, c'est : amour, joie, paix, patience, bonté, bienveillance, foi,

Douceur, maîtrise de soi ; aucune loi n'est contre de telles choses.

Galates 5 :22,23

l. Au grand festin, vous apprécierez le vin – le sang de Jésus.

Il prit ensuite une coupe ; après avoir rendu grâce, il la leur donna en disant : Buvez-en tous :

C'est mon sang, le sang de l'alliance, qui est répandu en faveur d'une multitude, pour le pardon des péchés.

Matthieu 26 :27,28

109. Vous devez être un gagneur d'âmes parce que les gens gâchent leur vie sans Jésus.

Lorsqu'il eut tout dépensé, une grande famine survint dans ce pays, et il commença à manquer de tout.

Luc 15 :14

110. Vous devez être un gagneur d'âmes afin de donner aux autres l'occasion de devenir de nouvelles créatures. Quand les gens sont sauvés, ils deviennent de nouvelles créatures et sont régénérés.

Si quelqu'un est en Christ, c'est une création nouvelle. Ce qui est ancien est passé : il y a là du nouveau.

2 Corinthiens 5 :17

Non pas parce que nous aurions fait des œuvres de justice, mais en vertu de sa propre compassion il nous a sauvés par le bain de la nouvelle naissance et du renouvellement procédant de l'Esprit Saint.

Tite 3 :5

111. Vous devez être un gagneur d'âmes afin que les péchés de l'humanité puissent être purifiés par le sang de Jésus-Christ.

D'ailleurs, selon la loi, presque tout est purifié avec du sang, et sans effusion de sang il n'y a pas de pardon.

Hébreux 9 :22

112. Vous devez être un gagneur d'âmes parce que nous avons besoin d'être réconciliés avec Jésus-Christ. Être réconcilié parle de réunion avec votre Dieu. Le monde entier a besoin d'être réuni avec Dieu. C'est pourquoi, nous devons être des gagneurs d'âmes.

C'est gratuitement qu'ils sont justifiés par sa grâce, au moyen de la rédemption qui est en Jésus-Christ.

Romains 3 :24

113. Vous devez être un gagneur d'âmes afin que les gens puissent avoir la paix avec Dieu par le sang de Jésus.

...et, par lui, de tout réconcilier avec lui-même, aussi bien ce qui est sur la terre que ce qui est dans les cieux, en faisant la paix par lui, par le sang de sa croix.

Colossiens 1 :20

114. Vous devez être un gagneur d'âmes parce que les gens ont besoin d'être rachetés des mains du diable. Être racheté signifie être acheté et libéré des mains de Satan. Votre salut est une acquisition légale que l'ennemi ne peut pas contester.

Ils chantent un chant nouveau, en disant : Tu es digne de recevoir le livre et d'en ouvrir les sceaux, car tu as été immolé et tu as acheté pour Dieu, par ton sang, des gens de toute tribu, de toute langue, de tout peuple et de toute nation.

Apocalypse 5 :9

Vous savez en effet que ce n'est pas par des choses périssables – argent ou or – que vous avez été rédimés de votre conduite futile, celle que vous teniez de vos pères, mais par le sang précieux du Christ, comme par celui d'un agneau sans défaut et sans tache.

1 Pierre 1 :18,19

115. Vous devez être un gagneur d'âmes parce qu'aujourd'hui est le jour du salut.

Il n'y a pas de meilleur moment pour être sauvé que maintenant. Personne ne peut se porter garant pour demain. Vous ne pouvez garantir que maintenant. Chacun doit avoir l'occasion d'être sauvé aujourd'hui.

Il institue encore un jour – « aujourd'hui » – en disant bien longtemps après, par David, comme il a été dit plus haut : Aujourd'hui, si vous entendez sa voix, ne vous obstinez pas.

Hébreux 4 :7

116. Vous devez être un gagneur d'âmes parce que nous ne pourrons pas échapper si nous négligeons un si grand salut.

Aucun moyen d'échapper plus important ne peut être offert. C'est la seule issue, pour le monde entier. Nous devons être des gagneurs d'âmes parce que tous doivent connaître ce grand moyen de salut.

Comment échapperons-nous si nous négligeons un si grand salut, qui a commencé à être annoncé par l'entremise du Seigneur et qui nous a été confirmé par ceux qui l'ont entendu.

Hébreux 2 :3

117. Vous devez être un gagneur d'âmes parce qu'un jour, nous nous réjouirons des graines que nous aurons semées pour gagner des âmes !

Chaque fois que nous prêchons l'Évangile, nous semons des graines de salut. Un jour, nous verrons les fruits que produiront les graines que nous aurons semées pour gagner des âmes et nous serons heureux d'avoir été des gagneurs d'âmes.

> Celui qui s'en va en pleurant, quand il porte la semence à répandre, revient avec des cris de joie, quand il porte ses gerbes.
>
> Psaume 126 :6

118. Vous devez être un gagneur d'âmes parce qu'il n'existe qu'un seul moyen d'aller au ciel.

a. Il y a une voie qui semble droite à l'homme ; c'est la voie de l'homme.

Devant l'homme il y a une voie droite ; par la suite, ce sont les voies de la mort.

Proverbes 14 :12

b. Le chemin des bonnes œuvres ne mène pas au ciel ou à Dieu.

Voilà un homme seul, sans personne d'autre ; il n'a ni fils ni frère, et pourtant son travail n'a pas de fin : ses propres yeux ne sont jamais rassasiés de richesses. « Pour qui donc est-ce que je travaille et me prive de bonheur ? » Ce n'est encore là qu'une futilité et une occupation funeste.

Ecclésiaste 4 :8

c. Une vie de plaisir n'est pas le chemin qui mène au ciel ou à Dieu.

Écoute maintenant ceci, voluptueuse, qui es assise en toute sécurité et qui te dis : Moi, et rien que moi ! Je ne serai jamais veuve, je ne connaîtrai pas la privation d'enfants !

Ces deux choses t'arriveront en un instant, le même jour : la privation d'enfants et le veuvage ; elles fondront sur toi dans toute leur rigueur malgré la multitude de tes sortilèges, malgré la puissance de tes pratiques magiques.

Ésaïe 47 :8,9

d. L'occultisme n'est pas le chemin qui mène au ciel ou à Dieu.

Qu'on ne trouve chez toi personne qui fasse passer son fils ou sa fille par le feu, personne qui se livre à la magie, qui cherche des présages, qui pratique la divination ou la sorcellerie.

Deutéronome 18 :10

e. L'adoration des idoles n'est pas le chemin qui mène au ciel.

Vous ne vous ferez pas de faux dieux, vous ne dresserez pour vous ni statue, ni pierre levée, et vous ne placerez dans votre pays aucune pierre ornée pour vous prosterner devant elle : je suis le Seigneur (YHWH), votre Dieu.

Lévitique 26 :1

Tu ne te feras pas de statue, ni aucune forme de ce qui est dans le ciel, en haut, de ce qui est sur la terre, en bas, ou de ce qui est au-dessous de la terre, dans les eaux.

Exode 20 :4

Gardez-vous de vous laisser duper et de vous écarter en servant d'autres dieux et en vous prosternant devant eux.

Deutéronome 11 :16

Ils reculeront, ils auront honte, ceux qui mettent leur confiance dans des statues, ceux qui disent à des idoles de métal fondu : Vous êtes nos dieux !

Ésaïe 42 :17

f. La religion n'est pas le chemin qui mène au ciel. Le respect des traditions, le chant des cantiques, mais sans connaître Dieu, ce n'est pas le chemin qui mène au ciel.

Ce peuple m'honore des lèvres, mais son cœur est très éloigné de moi.

Matthieu 15 :8

g. Acquérir l'argent et la gloire n'est pas le chemin qui mène au ciel.

La fortune ne sert à rien au jour de la colère ; c'est la justice qui délivre de la mort. La justice de l'homme intègre aplanit sa voie ; le méchant tombe par sa méchanceté.

Proverbes 11 :4,5

h. Suivre une autre religion, telle qu'elle soit, n'est pas le chemin qui mène au ciel. Les fausses religions proposent de nombreux autres moyens qui ne sont pas vrais.

Car il y a un seul Dieu, et aussi un seul médiateur entre Dieu et les humains, l'humain Jésus-Christ.

1 Timothée 2 :5

Le salut ne se trouve en aucun autre, car il n'y a sous le ciel aucun autre nom donné parmi les humains par lequel nous devions être sauvés.

Actes 4 :12

i. Être bon et accomplir de bonnes œuvres n'est pas non plus le chemin. Les bonnes œuvres ne vous conduiront pas au ciel. Le seul chemin, c'est par le sang de Jésus ! Il est une vie qui semble être la vraie vie, mais c'est Jésus-Christ qui est la vraie vie – c'est lui qui donne la vie abondante.

Nous sommes tous devenus comme impurs, et tout ce que nous faisons pour la justice est comme un vêtement souillé ; nous sommes tous flétris comme des feuilles mortes, et nos fautes nous emportent comme du vent.

Ésaïe 64 :5

...ainsi qu'il est écrit : Il n'y a pas même un juste, pas même un seul

Romains 3 :10

j. Personne, vous compris, ne vient au Père sinon par Jésus. « Personne » signifie les présidents, vos parents, vos amis, vos frères, vos professeurs. Venez à Jésus aujourd'hui, venez à la croix, et venez au sang de Jésus !

Jésus lui dit : C'est moi qui suis le chemin, la vérité et la vie. Personne ne vient au Père sinon par moi.

Jean 14 :6

119. Vous devez être un gagneur d'âmes parce que *Mendel Taylor* a dit : « L'église doit envoyer, sinon elle cessera d'exister. »

120. Vous devez être un gagneur d'âmes parce que vous avez maintenant PLUS QU'ASSEZ DE RAISONS pour en être un !!!

Chapitre 2

Les missionnaires et l'exemple de la mission de Bâle

ALLEZ, faites de TOUTES LES NATIONS des disciples, baptisez-les pour le nom du Père, du Fils et de l'Esprit Saint,

Et enseignez-leur à garder tout ce que je vous ai commandé. Quant à moi, je suis avec vous tous les jours, jusqu'à la fin du monde.

Matthieu 28 :19, 20

Elle est la célèbre et grande mission qui pousse les chrétiens à aller dans le monde entier pour prêcher l'Évangile. Malheureusement, ce commandement biblique a été l'un des moins obéis. L'Église a tendance à « rester » plutôt qu'à « aller ». Ces paroles sont les dernières prononcées par Jésus, et elles doivent être prises très au sérieux.

Ce commandement est aussi valable aujourd'hui qu'il l'était, il y a deux mille ans. Il n'y a pas que les promesses de prospérité qui sont valables aujourd'hui. Le commandement d'« aller dans le monde entier » retentit tout aussi fortement et clairement, car c'est un commandement éternel du Seigneur.

Ce commandement revêt un nouveau sens quand nous réfléchissons au genre de monde dans lequel nous vivons aujourd'hui. Les régions du monde où le christianisme était d'ordinaire très actif ont maintenant changé. Les endroits du monde les plus vivants, spirituellement parlant, ne sont plus maintenant en Europe, mais dans les pays les plus pauvres et les plus démunis de la planète. Aujourd'hui, l'Europe est le siège de Satan, car la plupart de ses habitants sont athées ou non-croyants. Il nous faut maintenant absolument atteindre ces parties du monde.

Le transfert de responsabilité

Il semble bien que la responsabilité de la proclamation de l'Évangile soit passée des mains des blancs à celles des gens de couleur. Chaque fois que je pense aux missionnaires, nous pensons aux hommes blancs qui vont sauver les races noires païennes et non civilisées. Nous imaginons de braves missionnaires blancs qui traversent la jungle tropicale étouffante pour atteindre les sauvages dans des villages éloignés.

Cependant, tout cela a bien changé ! Il n'y a plus autant de sauvages dans les villages isolés qu'il y a quatre cents ans. Aujourd'hui, ce sont les blancs qui sont des païens et des non-croyants. Ce sont les blancs qui vivent dans des villes riches et opulentes, et qui n'ont pas la moindre connaissance de Dieu.

Ne me comprenez pas mal : il y a encore des milliers de pauvres villes et villages qui ont besoin d'entendre parler de Jésus. Mais personne ne niera le fait que le paysage spirituel du monde a considérablement changé. Le nuage de l'ignorance et du recul spirituels s'est transporté vers les nations occidentales du monde.

La mort spirituelle a placé ses mains glaciales sur les églises d'Europe. Les bâtiments d'églises qui accueillaient des centaines d'adorateurs ardents tous les dimanches reçoivent aujourd'hui moins d'une quinzaine de personnes âgées.

La plupart des églises n'ouvrent leurs portes qu'un dimanche sur deux. Le dimanche matin, les jeunes se remettent de leurs gueules de bois et autres débauches de la soirée précédente. Ils n'ont plus de temps pour Dieu, ni la moindre connaissance de lui.

En Suisse, par exemple, la plupart des pasteurs ne croient pas en Dieu. Ce sont souvent des fonctionnaires qui font leur travail, comme tous les autres.

Une enquête récente, menée en Angleterre, a révélé que seuls, 28 % des habitants de ce pays croyaient dans l'idée traditionnelle d'un « Dieu personnel ». 37% des personnes interrogées voyaient Dieu comme un « esprit » ou une « force vivante ». Cela révèle bien évidemment un manque de connaissance de la Bible et de ses enseignements.

On a constaté également une chute remarquable du nombre de gens qui croient en Jésus comme étant le Fils de Dieu. 45% des personnes interrogées croyaient que Jésus était le Fils de Dieu, mais elles étaient 71% en 1957. Cela montre que sur les 40 dernières années, plus d'un tiers des croyants ont abandonné la foi.

Parce que le mal se répandra, L'AMOUR DE LA MULTITUDE SE REFROIDIRA.

Matthieu 24 :12

Il est temps pour nous de nous rendre de nouveau dans tous les coins du monde avec la Bonne Nouvelle de Jésus-Christ. Je suis très reconnaissant pour les Américains et les Européens qui sont venus en Afrique avec l'Évangile. Je pratiquerais peut-être une autre religion, aujourd'hui, s'ils n'étaient pas venus.

Ce commandement doit être pris au sérieux, aujourd'hui. Si nous n'y allons pas alors qu'il nous a dit d'y aller, Dieu sera peut-être obligé d'utiliser d'autres méthodes pour nous entraîner dans les champs de la mission.

Dans Actes 1:8, Jésus a dit à ses disciples d'attendre la venue du Saint-Esprit. Il a promis qu'après cette venue, ils seraient capables d'aller aussi loin que possible avec l'Évangile. Malheureusement, comme la plupart d'entre nous le font, les disciples n'ont pas obéi au commandement et sont restés ensemble dans le confort de Jérusalem.

Mais vous recevrez de la puissance quand l'Esprit saint viendra sur vous, et vous serez mes témoins à Jérusalem, dans toute la Judée et en Samarie, et jusqu'aux extrémités de la terre.

Actes 1 :8

Il est beaucoup plus facile de changer le tapis de l'église et d'organiser un pique-nique dans l'église que d'aller dans le monde entier et prêcher l'Évangile. C'est lorsque vous faites ce qui est dur et difficile que vous avancez dans la bonne direction. Cela peut ne pas être facile, mais cela en vaut la peine !

Quand l'Église a négligé d'envoyer des missionnaires, le Seigneur a laissé la persécution parler un peu plus fort à propos de l'œuvre missionnaire.

> **...Ce jour-là, UNE GRANDE PERSÉCUTION s'abattit sur l'Église qui était à Jérusalem. Tous Excepté les apôtres – SE DISPERSÈRENT en Judée et en Samarie.**
>
> **Philippe, qui était descendu dans la ville de Samarie, y proclama le Christ.**
>
> **Les foules, d'un commun accord, s'attachaient à ce que disait Philippe, en apprenant et en voyant les signes qu'il produisait. Car des esprits impurs sortaient de beaucoup en poussant de grands cris, et beaucoup de paralytiques et d'infirmes furent guéris.**
>
> **Il y eut une grande joie dans cette ville.**
>
> **Actes 8 :1,5-8**

Voyez-vous la puissance qui habitait les disciples rassemblés à Jérusalem ? Ils n'avaient plus qu'à y aller ! Quand ils ont obéi, de grandes choses se sont passées. Vous ne pouvez pas vous imaginer ce qui arrivera quand vous obéirez. Je m'adresse ici à tous les pasteurs et les leaders qui œuvrent au sein de l'Église. Il est de votre devoir d'envoyer des hommes et des femmes comme missionnaires dans le monde entier. **Si vous ne le faites pas, vous condamnez par inadvertance ces régions du monde à la mort spirituelle et à l'enfer.**

Je frémis lorsque je pense à ce qui se serait passé si des missionnaires n'avaient pas sacrifié leur vie pour que certains d'entre nous connaissent Jésus. C'est cette pensée même qui me stimule dans mon souci pour l'évangélisation du monde. Je sais qu'au plus profond de moi, il y a la puissance pour enseigner des nations entières. Jésus a dit que nous devons aller dans le monde entier et enseigner les nations. Par votre obéissance, ce sont des multitudes qui trouveront la paix et le salut. Je pense que souvent, nous ne prenons pas conscience des conséquences de l'obéissance d'un homme.

Ainsi donc, comme par une seule faute la condamnation s'étend à tous les humains, de même, par un seul accomplissement de la justice, LA JUSTIFICATION QUI DONNE LA VIE S'ÉTEND À TOUS LES HUMAINS...

Romains 5 :18

La mission de Bâle

L'histoire de la Mission suisse de Bâle m'a toujours intrigué. C'est peut-être dû au fait que mes grands-parents et ma mère viennent de là. J'ai toujours été touché par le sacrifice que les missionnaires de Bâle ont fait pour la diffusion de l'Évangile au Ghana.

N'y aurait-il plus besoin de missionnaires ?

Certains pensent qu'il n'était pas nécessaire qu'une telle organisation envoie des missionnaires dans le monde, alors que les Suisses eux-mêmes avaient besoin de Christ. Il s'agit là d'un argument courant qui conduit à ce que l'on appelle la « paralysie par analyse ».

Je sais qu'il se trouve toujours des gens pour dire : « Pourquoi devons-nous envoyer des missionnaires dans d'autres pays alors qu'il y a encore des millions de non-croyants tout autour de nous, dans notre propre pays ? Il n'est pas indispensable d'aller ailleurs, car les pécheurs se trouvent à la porte d'à côté ! Il est bien plus économique de faire de l'évangélisation dans notre voisinage ! »

Comme je l'ai dit précédemment, je tremble à l'idée de ce qui serait arrivé si cet argument avait prévalu sur l'ordre simple donné par notre Seigneur d'« aller ».

J'aimerais citer l'argument présenté par une certaine personne contre le concept de l'envoi des missionnaires depuis la Suisse, au dix-neuvième siècle.

« Ne serait-ce pas étrange, si une mission était envoyée de Suisse, alors qu'il est tellement nécessaire que l'on vienne vers nous pour mettre un terme au paganisme domestique rampant qui habite les têtes de nos nobles et de nos roturiers, de nos cerveaux et de nos idiots ? » (Extrait traduit par Schlatter, Vol. 1, p.13)

Il semble qu'il y ait un grand débat sur la question de savoir s'il faut ou non envoyer des gens vers les champs de mission du monde. Cependant, certains membres zélés qui ne se sont pas laissés décourager ont fondé *la Société missionnaire évangélique de Bâle*. Petit à petit, une organisation missionnaire complète a été établie, avec ses propres programmes pour l'Outre-mer.

Dans le monde entier

Vous remarquerez, par cet exemple, que les Suisses ont essayé d'aller « dans le monde entier ». Ils ne se sont pas laissés distraire par le fait qu'il y avait encore des pécheurs dans leur propre ville. **Jésus n'a jamais dit que nous devions aller quand tous ceux qui nous entourent sont déjà sauvés. Il a simplement dit que nous devions aller !** Remarquez la manière dont l'Église de Suisse a envoyé des missionnaires dans toutes les parties du monde, et à un coût élevé. Ils ont envoyé des gens en Russie, en Afrique de l'Ouest et en Asie.

Mille huit cents ans après que Christ eut donné cette instruction, il était encore nécessaire d'obéir et d'aller dans le monde entier ! Aujourd'hui, deux mille ans après que Jésus a donné l'ordre missionnaire, je vous déclare qu'il est encore nécessaire pour nous d'aller ! Nous devons y aller ! Si nous l'aimons, nous devons nourrir ses brebis ! Nous devons trouver le moyen d'aller dans chaque nation de ce monde pour y porter l'Évangile de Jésus-Christ.

L'exemple des missionnaires du passé doit nous servir d'inspiration dans ce monde moderne. Nous ne devons pas nous contenter de dire : « Eh bien, quel bel effort cela a été ! » Nous devons nous lever et faire de même, et davantage encore !

Voyons maintenant comment les missionnaires de Bâle ont livré leur vie en obéissant à la Grande mission d'évangélisation.

Les missionnaires de Bâle en Russie

En 1820, deux diplômés ont été envoyés dans le Caucase – une zone qui venait d'être annexée par l'Empire russe du tsar. Dans ces grandes étendues, entre la mer Noire et la mer Caspienne, se trouvaient des communautés importantes de colons allemands et suisses qui avaient besoin d'un pasteur. Mais il y a avait également des peuples indigènes jusque-là inconnus. Certains d'entre eux avaient déjà été christianisés et s'étaient vus enseigner les rudiments de la foi, tandis que les autres s'étaient convertis à l'Islam.

C'est ce dernier groupe que les missionnaires de Bâle ont tout particulièrement essayé d'atteindre avec l'Évangile. Cependant, cet effort a pris fin lorsque le tsar, devant affronter une révolte, a chassé les missionnaires de son empire.

La mission de Bâle a continué d'envoyer des missionnaires dans le monde, par le biais d'autres sociétés missionnaires. Les retours de ces efforts ont ouvert les yeux de leurs leaders à de nouveaux horizons missionnaires, en particulier en Afrique de l'Ouest, en Inde et en Chine. Ces destinations ont fini par devenir les cibles les plus importantes des activités de la mission de Bâle.

Ce ne fut pas facile et il y avait certes des problèmes. Des discussions sur la soumission à la hiérarchie, des questions de liturgie et des problèmes culturels sont apparus. Cependant, l'œuvre progressa et d'autres personnes adoptèrent l'idée de la mission de Bâle et l'on vit, par exemple, s'établir la mission de Brême.

Les missionnaires de Bâle en Sierra Leone

Les premières cibles de la mission de Bâle dans l'Afrique sub-saharienne furent la Sierra Leone et le Liberia.

Ces territoires avaient été acquis par des philanthropes britanniques et américains avec l'intention d'y installer des esclaves libérés. Le soutien du gouvernement avait été acquis dans les deux cas. À Bâle, ce développement était vu comme une excellente occasion de permettre une implantation missionnaire sur le continent africain, alors peu connu. On appris très vite qu'un système éducatif moderne allait y être installé. C'est pourquoi, des enseignants et des pasteurs étaient recherchés.

Dans la pensée du mouvement missionnaire européen de l'époque, l'« homme blanc » se devait de payer une énorme dette morale, à cause du commerce des esclaves auquel il s'était livré par le passé. Cette dette pouvait être réglée par de bonnes œuvres. Un autre aspect consistait dans le fait que certaines sociétés indigènes continuaient à chasser et à vendre leurs plus proches parents ; ils devaient donc être libérés de telles conditions d'arriération morale.

« Sierra Leone » était, à l'origine, le seul nom de la péninsule, sur laquelle se trouve Freetown, la capitale actuelle. Freetown elle-même a été fondée en 1787. Les anciens esclaves qui devaient être réintroduits venaient d'Angleterre et d'Amérique du nord, et plus tard de navires interceptés dans l'océan Atlantique. À cette époque-là, l'intérieur du pays de la péninsule apparaissait sur les cartes des Européens comme des territoires tribaux sans nom.

C'est précisément dans cette partie du pays, où les hommes de Bâle voulaient travailler, en fin de compte : loin des installations côtières influencées par les Européens. En janvier 1823, quatre missionnaires arrivèrent à Freetown, d'où ils s'aventurèrent vers leurs destinations respectives, à l'intérieur du pays. Deux des « frères » étaient accompagnés de leur épouse. Quelques mois plus tard, les célibataires et les femmes des deux derniers missionnaires moururent de la fièvre jaune, qui avait explosé dans des proportions épidémiques. En un rien de temps, la plupart des expatriés étaient morts ou repartis.

Les « frères » restants ainsi qu'un missionnaire, qui était arrivé plus tard, demeurèrent sur place, seuls Européens du territoire. Ils retournèrent à Freetown pour continuer l'œuvre de la Société missionnaire de l'Église fondée par les Britanniques, et sous la protection de laquelle ils étaient venus. Un an plus tard, l'administration coloniale décréta que dorénavant, seuls les nationaux britanniques seraient autorisés à travailler comme missionnaires. C'est à ce moment-là que le comité de Bâle prit la décision de transférer son action au Liberia.

Les missionnaires de Bâle au Liberia

Le territoire du Liberia avait été déclaré comme zone d'implantation en 1817 par la Société coloniale africaine. Cette organisation privée s'est constituée elle-même à Washington, où elle a joui du soutien gouvernemental. Le leader de la Société, un citoyen américain du nom de Jehudi Ashmun, a été installé comme premier gouverneur du territoire. Le Liberia devait par la suite être développé comme la patrie des esclaves libérés des plantations du sud des États-Unis.

En 1847, le Liberia est devenu le premier pays indépendant de l'Afrique sub-saharienne. Comme on peut l'imaginer, l'établissement d'une administration de type américain sur ce territoire n'a pas été chose facile. En 1822, par exemple, trois douzaines de nouveaux colons ont dû se défendre contre les attaques menées par près de 800 autochtones.

Mais quelques années plus tard, Ashmun se sentit suffisamment à l'aise pour annoncer publiquement que les sociétés missionnaires étaient invitées à commencer à travailler au Liberia. L'appel de Dieu fut bien entendu à Bâle. Après le retrait qui avait été imposé en Sierra Leone, cet appel offrait un nouvel espoir.

Les préoccupations dues aux risques pour la santé furent balayées avec la confiance habituelle à ceux qui avaient remis tous leurs espoirs dans les mains de « Celui qui les avait appelés ». L'inspecteur Blumhardt écrivit, dans le magazine de la Mission, en 1827 : *« Nous aurions considéré comme étant un opprobre fait au nom de Christ de fermer nos cœurs et nos oreilles à la misère et aux appels 'au secours' de ces pauvres âmes d'Afrique, pour l'unique raison que nous aurions voulu échapper aux dangers de la mort. Le négrier européen ne fuit pas non plus les périls d'un climat hostile quand, nuit et jour, il parcourt les rivages, tel un prédateur... »*

En l'occurrence, Ashmun avait dressé un tableau plutôt optimiste dans lequel « les désirs et la réalité étaient inextricablement mélangés ». Aucun logement n'était disponible, pas même dans la capitale, et les coûts en étaient de surcroît très élevés. Mais, pire que tout, la population ne montrait que peu d'intérêt pour ce que les missionnaires se proposaient de leur offrir. Le gouverneur tomba lui-même sérieusement malade après l'arrivée de quatre missionnaires de la Mission de Bâle, en 1828. Il dut rapidement être rapatrié aux États-Unis, où il mourut, trois mois plus tard.

Les administrateurs qui restèrent ne s'intéressaient pas vraiment à l'entreprise missionnaire. Il semble même que quelqu'un retint le courrier qui provenait de Bâle, au lieu de le faire suivre. Mais le comble, ce fut l'hostilité démontrée par la communauté baptiste américaine, qui était alors la seule autre organisation chrétienne de Monrovia.

D'après les rapports de l'époque, ces braves chrétiens estimèrent même nécessaire d'exclure les « frères » de Bâle des services religieux, pour l'unique raison qu'ils n'avaient pas été baptisés selon les règles propres aux baptistes ! Cela ôta toute efficacité aux nouveaux venus en tant que prédicateurs, car ils avaient perdu toute crédibilité aux yeux des habitants de la ville.

Dégoûtés, les missionnaires quittèrent Monrovia pour établir leur station à l'intérieur du pays, tout comme leurs collègues l'avaient fait précédemment en Sierra Leone. Ils suivirent leur propre chemin, afin de pouvoir travailler parmi la population autochtone. Petit à petit, le groupe diminua de nouveau, pour cause de mort ou de maladie. Finalement, l'argent dont disposait le dernier missionnaire restant se réduisit à sa plus simple expression avant qu'il ait été en mesure d'établir une base économique viable, comme les dirigeants de Bâle l'attendaient.

Après ce fiasco, les directeurs de la Mission décidèrent de placer leur prochain investissement sur un sol plus prometteur. **Cela ouvrit la voie au chapitre le plus glorieux des activités de la mission de Bâle en Afrique : celui de la Côte de l'Or.** Mais d'autres aventures importantes sur le continent noir devaient suivre, en particulier au Nigéria, au Cameroun, au Congo et au Soudan.

Les enseignements de la mission de Bâle

La mission au Liberia enseigne deux leçons importantes.

■ **Les missionnaires ont dû devenir agriculteurs, commerçants et maçons afin de survivre en tant que missionnaires dans un pays étranger.**

On attendait des missionnaires qu'ils établissent une « base économique viable ». Cela signifiait qu'il leur fallait trouver des emplois qui les soutiendraient financièrement dans leur ministère. C'est ainsi que s'est déroulé le ministère laïque, au dix-neuvième siècle.

Vous pouvez facilement vous rendre compte qu'il n'est pas nouveau de laisser des gens travailler pour gagner leur vie pendant qu'ils exercent leur ministère. Je suis toujours étonné de voir que les gens veulent que l'église supporte un fardeau financier impossible qui limite la portée et l'étendue de son œuvre d'évangélisation.

Aujourd'hui, les gens sont tout fiers d'annoncer combien de centaines de personnes l'église emploie. On a ainsi l'impression que plus vous avez de gens sur vos registres de paie, plus vous avez réussi.

Cher ami, ce qui compte, c'est ce que nous sommes en mesure d'accomplir pour le Seigneur. Nous devons gagner les perdus à tout prix ! Si cela requiert que nous trouvions un travail, qu'il en soit ainsi ! Si cela requiert que nous soyons employés à temps complet par l'église, qu'il en soit ainsi !

■ **Si les négriers européens étaient prêts à risquer leur vie et leur santé en écumant les rivages de l'Afrique de l'Ouest pour gagner leur vie, les missionnaires chrétiens peuvent risquer la leur pour les âmes des hommes.**

Nous devons tirer la leçon de l'attitude de l'inspecteur Blumhardt qui estimait qu'il était honteux de fermer les oreilles aux cris des âmes. Sa logique était très simple.

La mission de Bâle au Ghana

1 Aux environs de 1826, la Mission de Bâle chercha à élargir son réseau de sponsors. Des cercles religieux de même vision furent approchés, en particulier en Scandinavie. Ces mains tendues par Bâle furent accueillies d'abord au Danemark par le pasteur Rönne, qui était alors l'inspecteur de la Société missionnaire danoise (SMD).

Rönne avait été autrefois le tuteur du prince héritier et il jouissait de la confiance de la cour danoise. Il avait également le désir de donner une nouvelle impulsion à la SMD, car elle était sur le point de sombrer dans la létargie. Un accord avec la Mission de Bâle si dynamique semblait être la plus juste démarche.

C'est précisément cette année-là que le gouverneur Johan von Richelieu, qui gérait la station danoise de Christiansborg, sur la Côte-d'Or (des sources danoises l'appellent également la « Côte de Guinée »), arriva à Copenhague, en congé de longue durée. *Tout en faisant son rapport au roi, von Richelieu lui fit prendre conscience du besoin urgent d'enseignants et de prédicateurs dans cette possession danoise.*

À l'instar des autres puissances européennes qui s'étaient établies sur la Côte-de l'Or, le Danemark poursuivait essentiellement des intérêts commerciaux. En dehors du commerce avec la population indigène et de la lutte contre les tribus envahissantes des régions environnantes, la garnison danoise exerçait une bien faible influence sur le territoire.

Le fort de Christiansborg, avec sa population danoise et mulâtre, était une enclave européenne virtuelle sur le sol africain. Vu à travers les yeux de son personnel expatrié, un séjour sur la Côte-de l'Or était synonyme de privations et de restrictions dans bien des domaines. En outre, il comportait un fort risque de mortalité, en raison des maladies tropicales. L'homme qui s'y rendait le faisait uniquement pour remplir ses poches aussi vite que possible, d'ordinaire en échangeant des fusils et du schnaps contre de l'or et des esclaves.

Sous la loi danoise en vigueur, chaque employé de la puissance coloniale était autorisé à cohabiter avec une femme autochtone qui, de ce fait, acquérait certains droits et privilèges. Ce qui eut pour effet de faire augmenter régulièrement la population mulâtre. C'était dans l'intérêt des besoins éducationnels et spirituels de ces gens, et bien évidemment aussi dans celui du personnel de sa garnison que le gouvernement danois avait invité les missionnaires de Bâle à s'établir eux-mêmes à Christiansborg.

À Bâle, on avait une vision différente des choses. Selon les critères missionnaires, qui étaient passablement stricts, le niveau de la moralité à Christiansborg semblait désastreux. Le comité de la Mission montrait bien peu d'enthousiasme à l'idée d'élever la classe nouvelle et instable de gens qui émanait de la promiscuité des soldats européens.

Quoi qu'il en soit, la préoccupation des missionnaires de Bâle concernait la population indigène, et non les Européens et leurs attaches. Cependant, ils étaient disposés à faire un compromis, c'est-à-dire à permettre qu'un membre de leur personnel serve dans la garnison, tandis que les autres seraient un jour ou l'autre envoyés dans les zones extérieures.

On parvint finalement à un accord, en vue duquel les deux parties firent des concessions. La mission de Bâle obtint la permission de travailler à l'intérieur du pays et, en retour, elle accepta que ses missionnaires soient soumis hiérarchiquement à l'évêque luthérien danois. Dans le cas contraire, ils auraient pu prétendre à une pleine autonomie opérationnelle.

En décembre 1828, quatre missionnaires débarquèrent à Christiansborg. Il s'agissait des Allemands Karl F. Salbach, Gottlieb Holzwarth et Johannes Henke, et du Suisse Johannes Schmidt. La mort fit son apparition de manière cruelle. En quelques mois seulement, trois d'entre eux étaient déjà passés de vie à trépas. Vers la fin de 1831, le quatrième, Henke, les suivit dans la tombe.

Si les communications propres au dix-neuvième siècle n'avaient pas été si lentes, le Comité missionnaire aurait probablement laissé tomber l'ensemble du projet. **Cependant, avant même que la nouvelle de la mort du quatrième missionnaire ne parvînt au quartier général, le Comité missionnaire avait déjà décidé d'envoyer des renforts.**

En 1832, ces derniers arrivèrent. Il s'agissait d'Andreas Riis et de Peter Jäger, tous les deux danois, ainsi que de Christian Friedrich Heinze, un médecin originaire de la Saxe. Le Dr Heinze avait pour mission d'étudier les risques extraordinaires pour la santé que l'on pouvait rencontrer sur la Côte-de l'Or, et de présenter des recommandations en vue de la prise de mesures préventives. L'ironie du sort fit que ce fut lui que la « mort invincible » frappa en premier. Et peu de temps après ce drame, Riis déposait Jäger dans la tombe. *Il s'en fallut de peu qu'il ne l'y suive, ce qui fut évité grâce à un herboriste autochtone, qui vit Riis en proie aux pires convulsions.* Un commerçant afro-danois, Georg Lutterodt, proposa alors à Riis de venir se rétablir dans sa ferme particulièrement confortable.

En 1835, Riis commença à construire la première station intérieure de la mission de Bâle sur la Côte-de l'Or, dans la ville d'Akropong, qui était la capitale du petit État d'Akuapem. Riis y installa d'abord sa résidence. La maison était érigée sur de solides fondations de pierre, et équipée de portes, de fenêtres et d'un grand toit très fonctionnel.

La population locale n'avait jamais vu de telles prestations. Sa manière énergique d'agir valut à Riis le surnom de 'Osiadan', qui signifie le bâtisseur (chapitre 3.3). Les missionnaires qui lui succédèrent construisirent des structures du même type. Certaines d'entre elles existent encore aujourd'hui.

Akropong devint ensuite le centre opérationnel de la mission de Bâle au Ghana. D'une manière tout à fait symbolique, la maison de Riis bâtie sur le roc à Akropong devint « *le roc sur lequel la mission de Bâle fut construite* » !

Pourquoi Riis choisit-il Akropong pour y établir sa première station missionnaire intérieure ? Pour répondre à cette question, nous allons maintenant retourner en arrière, dans la seconde moitié du siècle précédent, le dix-huitième.

Nous y rencontrons un autre pionner remarquable : le Dr P.E. Isert, citoyen danois, botaniste et médecin, et grand admirateur du philosophe français Jean-Jacques Rousseau. Influencé par la philosophie de « retour à la nature » de ce dernier, Isert était convaincu que les torts faits aux sociétés africaines pendant la période du commerce des esclaves, à travers l'Atlantique, pouvaient être, d'une certaine manière, réparés, si l'on encourageait et aidait les Africains à gérer leurs propres « *colonies-plantations* » sur leur sol. Ces pays seraient réservés aux anciens esclaves, qui devraient en faire un moyen de subsistance, grâce aux récoltes qui seraient écoulées ensuite sur les marchés d'outre-mer. *Le concept que nous voyons émerger ici pourrait être, en réalité, le tout premier projet de développement jamais proposé pour l'Afrique !*

Isert suggéra son idée dans un livre à succès qu'il publia après un voyage d'exploration dans la Côte-de l'Or, en 1786. Dans le même dessein, il retourna plus tard dans la Côte-de l'Or où il explora le plateau de la chaîne de l'Akuapem, à environ 60 kilomètres de Christianborg, à l'intérieur des terres. **Il écrivit dans ses mémoires qu'il avait dû littéralement se frayer un chemin en coupant à travers la végétation de la brousse, traversant ainsi près de 40 km de la plaine de l'Akra.** Sur le plateau, il rencontra un environnement relativement sain et hospitalier.

Quoi qu'il en soit, Nana Atiemo, le Chef suprême de l'État d'Akuapem à l'époque, lui accorda volontiers des terres. Le projet sembla bien démarrer. Un premier rapport, daté du 16 janvier 1789, fut apporté par Isert en personne à Christiansborg. Il s'avéra être, en même temps, son dernier, puisqu'il succomba brutalement à une fièvre. Quelques années plus tard, cependant, le projet dût être abandonné. Il n'en resta pas moins que les efforts du Dr Isert ne furent pas vains. Ils furent une source d'inspiration pour les missionnaires de Bâle qui arrivèrent dans la Côte-de l'Or près d'un demi-siècle plus tard.

Quand les missionnaires avaient posé le pied pour la première fois dans la Côte-de l'Or, en 1828, le territoire – qui devint plus tard la République du Ghana – comportait des colonies britanniques, danoises et hollandaises éparpillées le long de ses rivages.

Ces colonies n'étaient que des postes de commerce fortifiés à partir desquels les gouverneurs respectifs exerçaient un contrôle indirect sur des territoires limités qui ne s'étendaient pas très profondément dans la ceinture côtière où la forêt était dense. Différents rois, parmi lesquels le leader des Ashanti, l'Ashantehene, le plus puissant, gardait le contrôle de la majeure partie du territoire.

Pendant tout le dix-neuvième siècle, le royaume Ashanti résista férocement à toutes les tentatives des Européens pour accroître la colonisation. Ce n'est qu'après qu'ils eurent racheté les possessions danoises et hollandaises, et qu'ils purent ainsi lancer une campagne suivie contre les Ashanti, que les Britanniques réussirent à soumettre cette nation de fiers guerriers. **À un certain moment, pendant la longue série de guerres ashanti, un groupe de missionnaires de Bâle fut capturé à Anum, à l'est de la Volta. Ils furent emmenés à Kumasi, la capitale du royaume et gardés là pendant quatre ans, comme otages, bien que soumis à un régime relativement clément de « prisonniers en liberté surveillée »** (chapitre 3.9).

Étant donné la situation politique que nous venons de mentionner, ainsi que les accords passés avec d'autres organisations missionnaires à propos de leurs priorités régionales respectives, la mission de Bâle fut, pendant la majeure partie du dix-neuvième siècle, particulièrement active dans l'intérieur des terres, entre la Volta et la Pra.

Le long de la côte, les gens de Bâle couvrirent uniquement, dans un premier temps, la ceinture autour d'Accra, où l'on parlait le Ga et le Dangme, pour s'étendre plus tard vers Winneba, à l'Ouest, et Ada, à l'Est. De là, la mission de Bâle opéra entre les zones de la mission de Brême qui, depuis 1847, était engagée dans la région centrale de l'Ewe, et celle de la mission (méthodiste) wesleyenne, qui s'était établie en 1835 à Cape Coast et avait tendance à s'étendre à partir de là vers l'Ouest.

Toutes ces sociétés missionnaires devaient se tenir à l'écart du royaume ashanti, qui s'étendait sur la plupart de la ceinture forestière. La seule exception fut un intermède wesleyen, à Kumasi, de 1840 aux environs de 1870. Pendant la plupart de ces années, cependant, son unique représentant ne fut pas autorisé à se montrer actif.

Ce n'est qu'après la déportation de l'Ashantehene titulaire, Otumfuo Prempeh I, au château d'Elmina (et plus tard aux îles Seychelles, ce qui marqua la fin des guerres ashanti) que les missions chrétiennes furent autorisées à se rendre dans le pays achanti. Ce fut alors la belle époque, pour la mission de Bâle, qui étendit méthodiquement son réseau de stations missionnaires dans tout le royaume.

Finalement, l'année 1918 vit la fin de l'engagement de la mission de Bâle dans la Côte-de l'Or en tant qu'organisation chrétienne indépendante. **En ce temps-là, la Mission atteignait, au nord, Yendi et la ceinture de la savane. Elle approchait la frontière avec la Côte d'Ivoire, dans la direction de l'Ouest, et elle avait consolidé ses positions orientales le long de la Volta. Elle possédait par conséquent des stations missionnaires dans une zone qui couvrait près de la moitié du Ghana moderne.**[1]

N'est-ce pas étonnant ?

Il est extraordinaire de constater l'étendue des activités missionnaires des Blancs en Afrique de l'Ouest. Il y a environ deux cents ans, il n'y avait pas d'e-mail, de téléphone, de fax, d'avions, d'électricité ou encore d'eau courante, mais les gens étaient prêts à aller dans des endroits aussi éloignés que Yendi, dans le nord du Ghana ! Alors qu'aujourd'hui, en cette année 2000, vous avez du mal à trouver un pasteur ghanéen qui soit prêt à se rendre à Yendi.

Cher ami, les Européens ne croient plus en cet Évangile pour lequel leurs ancêtres sont morts. C'est maintenant le tour des gens qui ont encore la foi de porter l'Évangile dans les coins les plus reculés.

Puissions-nous aller plus loin qu'ils ne l'ont fait, car nous avons davantage de connaissance, de révélation, d'équipement et d'accès. Puissions-nous couvrir plus d'endroits éloignés qu'ils ne l'ont fait ! N'échouons pas dans cette responsabilité que Dieu nous a confiée. Nous devons gagner les perdus à tout prix ! Si nous devons devenir missionnaires, qu'il en soit ainsi ! Si nous devons mourir dans un pays étranger, qu'il en soit ainsi !

« Nous aurions considéré comme étant un opprobre fait au nom de Christ de fermer nos cœurs et nos oreilles à la misère et aux appels 'au secours' de ces pauvres âmes d'Afrique, pour l'unique raison que nous aurions voulu échapper aux dangers de la mort. Le négrier européen ne fuit pas non plus les périls d'un climat hostile quand, nuit et jour, il parcourt les rivages, tel un prédateur... »

Inspecteur Blumhardt-1826

---

[1]Extraits du chapitre - Portrait of a Protestant Mission, du livre, « *SURVIVORS ON THE GOLD COAST - The Basel Missionnaires in Colonial Ghana* » de Peter A. Schweizer. Utilisé avec permission.

Chapitre 3

Les clés de la moisson

Pourquoi les pasteurs se battent-ils pour les brebis ? Pourquoi les pasteurs veulent-ils avoir des membres des autres églises dans leur propre église ? Pourquoi certains pasteurs commencent-ils de nouvelles églises en démolissant les autres ? Je crois que cela arrive parce que ces pasteurs ne connaissent pas les clés de la moisson. Permettez-moi d'en partager deux avec vous.

1. La clé de l'organisation de masse

Il y a suffisamment d'âmes qui attendent d'être sauvées. Il n'y aurait pas suffisamment de bâtiments pour contenir la moisson si elle était récoltée. **Débloquez la moisson avec la clé de l'organisation de masse.** Qu'entends-je par organisation de masse ? Les pasteurs doivent mobiliser les membres de leurs églises afin d'organiser la prière de masse, le jeûne de masse et l'évangélisation de masse.

Comme il doit être ennuyant pour un chrétien de se contenter d'écouter un sermon de trente minutes toutes les semaines. Pour l'amour de Dieu, le christianisme doit être bien plus que la pratique d'un chauffeur de chaise. Les chrétiens ne trouveront la satisfaction que lorsqu'ils jeûneront et prieront pour les âmes.

Savez-vous pourquoi tant de gens n'assistent pas aux réunions de prière ? Parce que le pasteur lui-même ne s'y implique pas.

Le jeûne et la prière sont les clés qui ôtent les écailles des yeux du pécheur. Quand vous priez avant de témoigner, vous obtenez de meilleurs résultats. Les gens sont sauvés ! Tout comme Jésus, vous serez oints quand vous prierez. Si vous n'avez pas de vie de prière, les gens vous diront simplement : « Je vois ce que vous voulez dire, mais je ne partage pas votre point de vue. » Votre prédication sera comme un simple chant !

Je m'adresse aux pasteurs maintenant ! Mobilisez toute votre église pour la prière. Mobilisez toute votre église pour le jeûne. Priez pour la croissance de l'église. Priez pour le salut. Priez pour que les gens naissent de nouveau. Vous aurez alors des résultats extraordinaires.

Le travail du pasteur, ce n'est pas seulement de prêcher et d'enseigner, mais aussi de conduire les brebis. Vous devez conduire les brebis dans l'évangélisation afin qu'elles gagnent des âmes. Elles seront bénies quand elles auront de quoi faire avec leur énergie spirituelle.

Organisez des croisades, des petits déjeuners d'évangélisation, du témoignage de porte à porte, de l'évangélisation et des concerts de rue qui permettent de gagner des âmes. Impliquez toute l'église et découvrez la joie que l'on ressent quand on gagne des âmes.

Un dimanche, envoyez vos membres dehors afin qu'ils ramènent des personnes rencontrées dans les rues. La semaine suivante, organisez une « Opération 'Amenez votre famille' » – c'est-à-dire un dimanche où chacun amène sa famille à l'église. Puis organisez un dimanche où vous aurez une « Opération 'Amenez vos collègues' ». Ce jour-là, les membres de l'église inviteront leurs collègues à l'église. Vous verrez alors votre église croître d'une manière extraordinaire.

Une autre fois, découvrez combien de membres de votre église ont été sauvés à l'intérieur de ses murs. En cherchant à gagner de plus en plus d'âmes, vous découvrirez qu'un plus grand nombre de vos membres seront sauvés par ce moyen.

Mieux vaut une croissance d'église qui se fait en gagnant des âmes que par le transfert de membres en colère et insatisfaits qui viennent d'autres églises.

2. La clé d'*Anagkazo*

« *Anagkazo* » est un mot grec qui signifie « contraindre, forcer, conduire, rendre nécessaire, menacer et utiliser tous les moyens à sa disposition » pour convaincre une personne (Luc 14:23). Vous allez découvrir que Jésus a utilisé le verbe « *anagkazo* » quand il a parlé d'évangélisation. Dans ce texte, le maître a envoyé ses serviteurs pour *anagkazein* (forme infinitive du verbe, ndt) tous ceux qu'ils pourraient trouver dans les rues, les chemins, les haies et les bas-fonds.

> **Le maître dit alors à l'esclave : « Va par les chemins et le long des haies, contrains [*anagkazo*] les gens à entrer, afin que ma maison soit remplie.**
>
> **Luc 14 :23**

La plupart des personnes qui avaient reçu la première invitation au grand repas ne se sont pas souciées de venir. Qu'essaie de nous dire ici Jésus ? **Le Seigneur nous montre que les invitations cordiales n'atteindront pas les perdus.** Nous devons utiliser n'importe quel autre moyen à notre disposition pour ce faire. Nos églises resteront vides si nous n'utilisons pas la clé **d'*anagkazo*.**

J'ai parlé plus haut de la manière dont nous avons organisé une croisade internationale dans un grand parc de notre ville. De nombreuses âmes ont été sauvées pendant ces trois jours. L'une des clés que nous avons utilisées était *la clé d'anagkazo*. Une fois la foule réunie, nous avons donné un ordre aux jeunes et aux vieux. Nous leur avons dit d'aller dans les rues où se trouvaient les prostituées et les personnes au cœur brisé et de les amener à la croisade. Notre ordre était clair : « Ne revenez pas seul à la croisade. Vous devez amener une âme avec vous ! »

Je suis sorti moi-même avec l'évangéliste américain qui était notre invité et, ensemble, nous avons ramené quelques personnes à l'endroit de la croisade. Nous n'essayons pas d'impressionner qui que ce soit. Nous essayons simplement d'obéir au commandement de notre Maître. La plupart des choses qui impressionnent l'homme n'impressionnent pas Dieu.

J'ai entendu un évangéliste dire qu'il avait imprimé plusieurs millions de livres et les avait distribués dans chaque maison d'un certain pays d'Europe. J'étais très enthousiaste quand il a dit que soixante-dix mille personnes avaient répondu à l'appel de Christ par le moyen de ces livres. Cela, c'est anagkazo à l'œuvre – le fait de faire entrer l'Évangile de force dans chaque foyer ! Cet évangéliste a utilisé tous les moyens disponibles pour faire entrer l'Évangile dans les boîtes à lettres des Européens rebelles.

Chers amis, nos gentils sourires chrétiens n'ont que peu d'effet dans un monde hostile peuplé de sceptiques. Les gens ne croient rien ni personne ! Les Africains ont pensé pendant un temps qu'ils pouvaient faire confiance à leurs leaders. Puis des dictateurs africains sont arrivés qui, tels des vampires, ont sucé les richesses de leurs pays. Les Américains ont pensé, eux aussi, qu'ils pouvaient avoir confiance en leur président, et ils ont été les témoins des scandales présidentiels.

Les gens ont pensé qu'ils pouvaient avoir confiance dans les ingénieurs et les pilotes, et ils ont assisté aux crashes de la TWA, de Swissair, de Kenya Airways et du Concorde. La plupart des gens ont fait confiance à leur pasteur et ils ont appris les scandales qui touchaient les télévangélistes.

Les gens accueillent avec scepticisme les solutions que nous offrons avec Christ. Il est temps que nous nous levions avec la clé d'*anagkazo* et que nous rentrions la moisson. Utilisons tous les moyens disponibles, telles que les invitations, les supplications et les avertissements. Utilisons la radio, la télévision et la page imprimée. Sortons à la rencontre d'un monde qui se meurt et offrons-lui la Bonne Nouvelle du salut.

Si la maison d'une personne prend feu, et que vous vous rendez compte que cette personne va périr, lui donneriez-vous un gentil coup de coude ou le réveilleriez-vous, même brutalement, s'il le fallait ? Gagnez les perdus à tout prix ! Gagnez les perdus même si cela exige d'utiliser « *Anagkazo* ».

Chapitre 4

Le ministère du suivi

Graphique de la population / du suivi

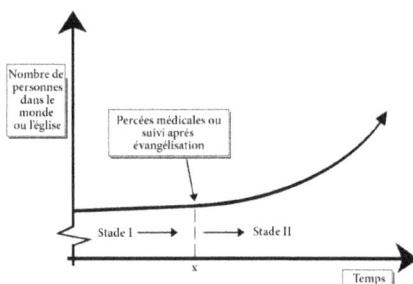

Stade I

- ■ Le taux de mortalité était élevé.

- ■ Pas de médicaments, pas de réponses médicales.

- ■ Le taux de croissance de la population était très lent.

Stade II

- ■ À un certain moment, il y a eu une révolution médicale.

- ■ Le taux de mortalité a été considérablement réduit : beaucoup moins de gens mouraient.

- ■ Soudain, la population a commencé à s'accroître rapidement.

Quand une église se trouve à la stade I, il y a peu ou pas de croissance. *Quand une église commence à pratiquer le suivi, elle retient les convertis qu'elle a gagnés par l'évangélisation. Observez comment la croissance de l'église s'accélère, à la stade II.*

Vous remarquerez, grâce à ce graphique, que le suivi permet de conserver les âmes. **Sans un véritable ministère de suivi, l'évangélisation se réduit à une perte de temps, d'argent et de ressources.** Tous nos efforts deviennent vains, dans ce cas-là. Chaque église doit mettre au point un ministère de suivi efficace qui s'occupe des âmes qui viennent au Seigneur.

N'abandonnez pas votre nouveau bébé

Le ministère de suivi est un moyen scientifique qui empêche de perdre les convertis. On dépense beaucoup d'énergie pour gagner les perdus. On doit donc consacrer un temps et des ressources en proportion pour conserver le fruit de la moisson. L'une des choses les plus tristes qu'il m'ait été donné de voir dans un hôpital, c'est un petit bébé qui avait été abandonné par sa propre mère. La mère avait passé ses neuf mois de grossesse, souffert dans la salle de travail et, pour finir, elle avait mis au monde une magnifique petite fille.

Profitant du fait que personne ne regardait, cette femme s'est glissé hors de la salle de travail et a disparu. Qu'allait-il arriver à ce bébé ? Son avenir reposait entre les mains du destin. J'étais vraiment désolé quand j'ai vu les infirmières être obligées de demander à l'une des mamans qui allaitaient d'offrir un peu de lait à ce bébé.

Permettez-moi de vous poser cette question : que va-t-il arriver à toutes les âmes qui viennent au Seigneur ? **Le suivi est aux nouveaux convertis ce que l'allaitement est aux bébés.**

La croissance de la population du monde est tout à fait semblable à la croissance de l'église. La population du monde avait été très faible pendant des centaines d'années. Au début du siècle, les choses ont commencé à changer et la population s'est mise à augmenter de manière considérable.

La raison de ce changement était que les gens avaient davantage d'enfants. Mais ce n'était pas dû au fait que les plus jeunes avaient davantage d'enfants. C'était dû surtout aux progrès de la science médicale auxquels nous avons assisté au début du vingtième siècle. Une réduction drastique du taux de mortalité a entraîné un accroissement important de la population.

Si l'église faisait son travail de suivi, et retenait en son sein les gens que nous gagnons, elle expérimenterait une plus grande croissance. L'implantation d'églises là où des croisades d'évangélisation ont eu lieu constitue un élément important du suivi. Ce suivi sous-entend la prière pour les convertis qui ont été gagnés au Seigneur.

Mes enfants, pour qui j'éprouve de nouveau LES DOULEURS [prière] de l'accouchement, jusqu'à ce que le Christ soit formé en vous.

Galates 4 :19

Vous devez éprouver les douleurs de l'accouchement pour vos âmes, dans la prière. C'est ainsi qu'on les suit spirituellement parlant. Après le suivi spirituel, vous devez leur rendre visite. On établit solidement les nouveaux convertis par le moyen des visites. Dans mon église, nous ne disposons pas seulement de conseillers. Nous avons également des gens qui se rendent chez les convertis.

Éviter cette erreur

Il est une erreur que les gens font souvent dans le travail de suivi. Elle consiste à perdre du temps avec les convertis « non sérieux » ou « non sauvés ». Paul a dit à Timothée de consacrer son temps aux gens fidèles qui prennent au sérieux les choses de Christ.

Et ce que tu as entendu de moi en présence de beaucoup de témoins confie-le à des gens dignes de confiance qui seront capables, à leur tour, de l'enseigner à d'autres.

2 Timothée 2 :2

Chapitre 5

Les lettres d'un gagneur d'âme

Aussi loin que je m'en souvienne, j'ai toujours été habité par la vision de gagner des âmes pour Christ. Au début de ma période universitaire, j'ai rencontré un étudiant en droit qui s'appelait E.A.T. Sackey. Comme c'était un camarade de classe et un ami de ma femme, nous sommes tout naturellement devenus de bons amis. J'ai vite découvert que nous avions des intérêts communs comme, par exemple, la nécessité de gagner des âmes. Je crois que c'est ce qui nous a rapprochés dans le ministère.

J'ai retrouvé récemment quelques-unes des lettres qu'il m'écrivait quand nous étions tous les deux étudiants à l'université, en 1988. À l'époque, j'étais étudiant en médecine et lui en droit, mais ni la médecine ni le droit ne pouvaient couler notre appel divin et notre désir de gagner plus de gens à Christ. Je constate avec bonheur que nous sommes aujourd'hui engagés tous les deux dans le ministère.

Je suis vraiment heureux quand je vois les gens prêcher aux perdus. Je reproduis ci-dessous quatre lettres que mon ami m'a écrites. En les lisant, je crois que vous serez stimulés à vous lancer dans la moisson.

Quatre lettres mémorables

1. Un baptême de zèle

2. Rêver d'évangélisation

3. Je suis avec toi

4. Prêchons jusqu'à en mourir

Un baptême de zèle

29-5-1986

Dag,

Si jamais nous avons besoin d'un baptême venant du ciel, c'est d'un baptême de zèle. « Le zèle de ta maison me dévore. » Nous avons vraiment besoin d'être dévorés par un zèle passionné.

Un fardeau qui nous mettrait mal à l'aise jusqu'à ce que nous voyions et que nous gagnions les hommes en les sauvant de la noirceur des ténèbres pour les faire entrer dans le royaume de son cher Fils. *Cela devrait constituer l'essentiel de nos pensées quand nous sommes éveillés et de nos rêves quand nous dormons.*

Nous avons vraiment besoin de l'amour qui est aveugle aux dangers possibles de la mission. L'amour qui ignore la sécurité personnelle, qui ne tient aucun compte des éléments défavorables, qui ôte le mot « sacrifice » de son vocabulaire, qui ne requiert aucune béquille, qui ignore tous les dangers et qui ne tolère pas l'oisiveté.

Rappelle-toi que le maître est sorti à la ONZIÈME HEURE et qu'il a trouvé des hommes qui étaient encore INOCCUPÉS, sur la place. Que Dieu nous aide ! En cette onzième heure, l'église semble être oisive, insouciante par rapport à ses responsabilités. Je ne suis pas du tout certain de vouloir faire partie de ce système. Je commence même à croire que ce n'est pas le péché du monde qui rend l'Église malade mais plutôt le péché et l'insouciance de l'Église qui rend le monde malade. J'en ai plein le dos de l'autosatisfaction de l'église. Je suis rempli d'une sainte colère – contre le diable, contre le péché, contre notre incrédulité ET aussi contre l'Église.

Tout, dans le monde, est brisé – la confiance dans le gouvernement, la confiance dans le dollar, les mariages qui se défont et les adolescents qui détruisent leur cerveau avec la drogue. Tout est brisé – sauf une chose : les cœurs des croyants.

Mais je crois que nous avons besoin de cœurs brisés pour affronter ce désordre colossal. Pleurer est un ordre. Mais il faut que ce soit suivi d'action (Joël 2:7). L'actuelle léthargie de l'Église est quasiment impardonnable. J'ai besoin de porter un cœur brisé à cause de la froideur dont fait preuve l'église. Mais oui !! Les champs sont vraiment blancs.

DAG, LIONS NOS COEURS POUR ATTEINDRE CEUX QUE NOUS N'AVONS PAS ENCORE ATTEINTS. *Nous devons devenir imperméables aux opinions des autres concernant notre zèle. Nous ne devons pas nous soucier de ce que cela nous coûtera de brûler pour Dieu. Que nous soyons flattés ou engraissés, estimés ou méprisés, condamnés comme insensés ou philosophes, diffamés ou encensés, embrassés ou maudits, nous devons être déterminés à faire la volonté de Celui qui nous a envoyés.*

Nous devons aller au dehors et nous éloigner du système centralisé que nous semblons avoir à Accra. L'Église est aujourd'hui riche de mise en scène, d'esprit de compétition, « gardant la forme extérieure de la piété, mais en reniant la puissance. » (2 Timothée 3:5).

Bien que la prière du Pharisien soit toujours considérée comme n'étant pas suffisamment bonne – (« O Dieu, je te rends grâces de ce que ne suis pas comme le reste des hommes, qui sont rapaces, injustes, adultères, etc. »), combien de membres d'églises peuvent d'ailleurs faire de telles prières ? Que Dieu nous aide !

À l'instar d'Habacuc, je fais cette prière : « SEIGNEUR, DANS TA COLÈRE, SOUVIENS-TOI DE TA COMPASSION ! »

Je t'aime.

EATS

Co-ouvrier

Rêver d'évangélisation

s/c C 52

An/Sarbah Hall

1987

Bonjour, frère Dag,

« Je rends grâces à mon Dieu toutes les fois que je me souviens de toi. » Comme tu as tellement à faire, en ces temps si cruciaux, il vaut mieux que je t'écrive une simple note, et non une véritable lettre.

Je rends constamment grâces à Dieu pour la mission à laquelle il nous a appelés. Hier, Dieu m'a dit très clairement que je devais vraiment prendre au sérieux ce ministère, car le temps est court, et je sais que tu es d'accord sur ce point. Dag, je suis déterminé à voir la main puissante de Dieu sur notre ministère.

Je ne me satisferai jamais de moins que cela, et Dieu lui-même le sait très bien. À mesure que nous nous lançons dans cette mission, je suis certain du fait que Dieu se verra confirmé, de sorte que ce qui a été dit de Christ, « cet homme que Dieu a accrédité auprès de toi par les miracles, les prodiges et les signes », pourra également être dit de nous et du ministère ; ainsi, la foi des hommes ne reposera pas sur la sagesse des hommes mais sur la puissance de Dieu.

*Je sais que nous travaillons vraiment beaucoup. Je te vois comme une réponse à un besoin dans ma vie. Tu ne le comprends peut-être pas très bien, mais j'espère que Maame te l'expliquera davantage. **L'EMPRISE DE L'ÉVANGÉLISATION SUR MOI SE FAIT DE PLUS EN PLUS FORTE AU FIL DES JOURS. ELLE NE FAIBLIT JAMAIS. J'EN RÊVE, JE ME RÉVEILLE AVEC CE RÊVE ET QUAND JE RETOURNE AU LIT, IL OCCUPE ENCORE LA PLUS GRANDE PARTIE DE MES PENSÉES.***

Je sais que Dieu nous conduira par son Esprit et que nous verrons, de nos propres yeux, de nombreuses personnes goûter pour la toute première fois « son don ineffable ». Quoi que l'Esprit te dise, et quelle que soit la direction qu'il te donne, sois certain que je t'approuverai.

Dag, il faut que nous réussissions, nous pouvons le faire, et nous le ferons dans le nom de Jésus.

Bon, par simple formalité, je te souhaite de réussir dans tes examens. L'échec t'est étranger.

Mes amitiés à Asamoah, Stanley, Donkash et à tous ceux qui invoquent le Seigneur avec un cœur pur. Que la grâce et la paix vous soient données en abondance !

J'avais l'intention de venir vous voir à l'église, dimanche, mais je ne le pourrai pas, car je dois prêcher au Nautical College. Je viendrai le dimanche suivant.

Avec affection, bien sûr, de la part de Cynthia

Amitiés,

Frère T

J'espère qu'après les examens, tu seras assez disponible, avec la permission de M, afin que nous puissions parler et prier pour ces temps que nous vivons.

Je suis avec toi

Pasteur,

Je rends grâces à mon Dieu toutes les fois que je me souviens de toi. En fait, tu es très important à mes yeux et je ne me sens pas digne d'être l'un de vos collaborateurs. Cependant, Dieu a jeté son regard sur mon humble condition et il m'a accordé sa faveur. Désormais, chaque génération me dira heureux !! S'il te plaît, ne laisse pas Maame te dire que ce sont là mes petits coups habituels et normaux. Je suis vraiment sérieux, et Dieu m'en est témoin.

Bon, pasteur, j'ai une grande confiance en toi, mon pasteur, et je sais que nous terrifions le royaume du diable, et que nous plongeons dans l'embarras les démons. Alléluia.

Nous allons travailler ensemble et marcher ensemble, et nous allons représenter une menace intrépide pour le monde spirituel négatif.

Je souhaite également profiter de l'occasion pour réaffirmer ma loyauté envers toi et mon engagement à tes côtés. Je veux que tu saches que tu peux avoir totalement confiance en moi. Je suis parfaitement déterminé dans mon esprit, mon but et mon objectif.

Gloire à Jésus !!

J'aimerais beaucoup rentrer à la maison et t'embrasser pour te souhaiter un joyeux anniversaire, mais là où je suis, je suis retenu et empêché par les circonstances actuelles.

Je suis avec toi par l'esprit, quoi qu'il en soit.

Bro. T

Prêchons jusqu'à en mourir

C47 An/Sarbah

Legon

20/6/86

Bonjour, Frère Dag,

Seul le Saint-Esprit peut te révéler ce qui se passe dans mon cœur depuis que je suis revenu de Korle-Bu. Comme je l'ai dit, j'ignorais totalement que tu avais une telle vision. Je bénis vraiment Dieu pour toi et parce qu'Il nous a permis de nous connaître l'un l'autre, en ces temps où de si nombreux croyants considèrent le retour de Christ et la fin des temps comme des sujets de curiosité originaux.

*L'espoir du retour de Christ n'est certainement pas un moyen d'évasion. **Ce n'est pas une excuse pour ne pas s'engager. Bien*** *au contraire, c'est une incitation à la sainteté, à l'évangélisation et à l'obéissance.* C'est un processus de maturation qui doit permettre à la Parole de Dieu sur terre de DEVENIR NÔTRE car, comme Jésus l'a dit : « *Faites des affaires jusqu'à ce que j'arrive* » *(Luc 19:13).*

Un homme a dit que nous devons nous comporter, donner, aimer et travailler comme si Jésus était mort hier, ressuscité aujourd'hui et devait revenir demain.

Il est certain qu'aujourd'hui, le plus grand besoin de l'Église n'est pas d'avoir plus de membres, plus de bâtiments, ou plus d'argent. La question essentielle, c'est la mission et l'évangélisation, la repentance et le réveil. Ce n'est pas la grandeur de sa force ou de sa richesse que Christ réclame au sein de son Église, à la veille de son retour. C'est une grande fidélité envers lui et une grande obéissance à sa volonté et aux occasions qu'il lui offre.

DAG, PRÊCHONS JUSQU'À EN MOURIR ! *Mettons-y tout notre cœur. Faisons-en notre affaire de manière à pouvoir parler avec Paul de « mon Évangile ». Cela fera toute la différence.*

Soyons des outils dociles entre les mains du Maître. Il a vraiment besoin de nous. Je meurs d'impatience de vivre les prochains mois. Notre temps de signes-prodiges-miracles, que nous avons désiré, est enfin près de nous !! Gloire à Dieu !

Je peux voir ma propre famille venir à Dieu, je peux voir la puissance de Dieu se manifester et nous diriger, et être le témoin de l'établissement du royaume de Dieu dans toute son abondance. Gloire à Dieu !!

Dag, je suis désolé si je n'ai pas été capable de m'exprimer assez bien. L'Esprit te le révèlera. Le fardeau que je porte est impossible à décrire. Il continue à bouillonner dans mon cœur et mes entrailles. La Parole de Dieu est comme un feu dans mes os. Oh, le monde nous attend !

Il y a un commandement qui vient du Ciel : « Allez dans le monde entier ». Il est un cri qui vient d'en bas : « Père Abraham,

envoie quelqu'un prêcher aux membres de ma famille », et il y a un appel qui vient de l'extérieur : « Passe en Macédoine, viens à notre secours ! »

NOUS LE FERONS CERTAINEMENT, MÊME SI CELA SIGNIFIE LE SACRIFICE ET L'INVESTISSEMENT DE NOTRE DERNIER CENTIME DANS L'AFFAIRE, OU ENCORE MARCHER SUR DES TESSONS DE BOUTEILLES.

Le Dieu de toute grâce nous y fera arriver. Amitiés de ma bien-aimée C.

EATS

Chapitre 6

Une prière et une prophétie

Seigneur Jésus, je prie pour ton peuple. Je prie de tout mon cœur pour toute personne qui lit ce livre.

Je te demande de leur transmettre le fardeau que tu portes toi-même, Seigneur. Montre-leur la raison pour laquelle tu as créé l'Église – la raison même de notre existence. Et la raison pour laquelle tu nous a rassemblés pour former ton Église. Montre-nous, O Seigneur, la raison pour laquelle nous nous rassemblons chaque fois.

Aide-nous à comprendre que ce n'est pas pour montrer notre nouvelle robe, notre nouveau costume et nos nouvelles chaussures. Montre-le nous, Seigneur, je te le demande ! Révèle-le à chaque personne qui lit ce livre. Je ne peux pas le leur expliquer, Seigneur. J'ai fait de mon mieux. J'ai parlé et j'ai écrit, mais c'est toi, Saint-Esprit, qui pourra le révéler aux gens.

Seigneur, révèle-toi. Choisis les évangélistes que tu veux envoyer. Trouve les gens que tu recherches pour t'aider à accomplir cette grande œuvre ! Je vois une grande moisson devant nous. Je prie, ô Dieu, que le fardeau descende sur ton peuple. Je prie pour les soutiens financiers, afin que tu les oignes et que tu leur donnes des cœurs de gagneurs d'âmes.

Je prie pour ceux qui nous soutiennent et nous aident dans le ministère. Ce sont tous des gens qui nous assistent dans l'accomplissement de la Grande mission d'évangélisation. O Dieu, c'est pour eux que je prie aujourd'hui.

Saint-Esprit, ouvre les yeux de ton peuple, et permets-nous de voir la moisson qui est mûre et qui nous attend. Aide-nous à identifier les perdus, ceux qui marchent autour de nous sans but. Aide-nous à voir comme les gens errent, tels des brebis sans berger.

Jésus, je prie que tu marches au milieu de ton peuple et que tu touches leurs yeux et leurs cœurs une nouvelle fois. Fais-nous comprendre pourquoi nous vivons ! Révèle-nous ce que nous sommes censés faire. O Seigneur Jésus, je prie de tout mon cœur. Moi, je ne peux pas le leur montrer, mais toi, tu le peux. Saint-Esprit, tu peux montrer à ton peuple ce que tu veux.

Seigneur, je ne peux pas le leur transmettre, mais toi, tu le peux. Père, dans le nom de Jésus, que ton œuvre soit faite et que ton règne vienne. Que ton œuvre soit plus importante que tout autre chose. Que les âmes commencent à être moissonnées. Que les finances viennent, pour permettre ce grand effort. Donne-nous, Père céleste, un cœur pour les âmes. Aide-nous à gagner les perdus, à tout prix.

Donne aux pasteurs un cœur pour gagner des âmes. À mesure que nous faisons paître tes brebis, n'oublions jamais que nous sommes des bergers. Aide-nous à te ressembler davantage, toi qui est venu chercher et sauver ce qui était perdu. Je prie dans le nom de Jésus. Merci, Seigneur. AMEN !

Une prophétie

Aujourd'hui, dans le monde, certaines personnes sont des étoiles. O Seigneur, tu nous as montré clairement que dans les jours à venir, différentes personnes vont devenir des étoiles. Ceux qui gagnent des âmes et ceux qui amènent des multitudes à la justice brilleront comme les étoiles, pour toujours.

Ce seront eux les gens qui connaissent leur Dieu. Les étoiles, ce seront des gens qui ont amené des multitudes à la justice. Oui, ce seront ceux qui auront contribué à gagner et à moissonner des âmes pour les introduire dans le Royaume de Dieu. Ce sont ceux qui ont participé à la moisson, dit l'Esprit du Seigneur.

Voici ma mission pour l'Église. Il s'agit de la grande mission pour l'Église et pour le peuple de Dieu. Il s'agit de l'œuvre que je vous ai appelés à faire. Elle consiste à aller au dehors et à les gagner. Ne dites pas : « Ce n'est pas encore l'heure. » Ne dites pas : « Je le ferai l'année prochaine. » Car les champs sont blancs et la moisson est prête. Les gens attendent en grand nombre pour être moissonnés et gagnés pour moi. Non, l'islam n'est pas le chemin, la vérité et la vie. Personne, absolument personne ne vient au Père sinon par moi. C'est pourquoi, portez ce message au monde.

Portez la Parole de Dieu qui est comme un marteau, dit le Seigneur. Prenez la Parole de Dieu, qui est comme un feu, et allez de l'avant avec ce feu. Allez de l'avant avec le marteau. Allez de l'avant dans la puissance de ma Parole. Car ma Parole sortira de ma bouche et elle ne reviendra pas à moi sans effet. Elle accomplira ce pour quoi elle aura été envoyée, dit l'Esprit de Dieu.

Écoutez-moi, les étoiles vont changer. Elles vont changer. Le Seigneur dit qu'il y a quelque chose, en cela, pour vous. Il y a un avenir pour vous.

Ne soyez pas myopes. Ne voyez pas seulement aujourd'hui, mais voyez également les années à venir. Voyez l'éternité ! Vous pouvez briller comme une étoile dans l'éternité.

L'éternité va commencer, et c'est pour bientôt. Elle va bientôt commencer, dit l'Esprit.

FIN !

Les livres de
Dag Heward-Mills

Obtenez
votre copie en ligne aujourd'hui à
www.daghewardmills.fr

Facebook: Dag Heward-Mills
Twitter: EvangelistDag

www.ingramcontent.com/pod-product-compliance
Lightning Source LLC
Chambersburg PA
CBHW060804050426
42449CB00008B/1529